BRIGANDO PELA VIDA

Aspectos emocionais do câncer

Dados Internacionais de Catalogação na Publicação (CIP)
(Câmara Brasileira do Livro, SP, Brasil)

LeShan, Lawrence, 1920 -
  Brigando pela vida: aspectos emocionais do câncer / Lawrence
LeShan [tradução de Denise Bolanho]; [revisão técnica de Ruth
Rejtman]. - São Paulo: Summus, 1994.

Bibliografia.
ISBN 85-323-0449-4

1. Câncer - Aspectos psicológicos 2. Carcinogênese - Aspectos
psicológicos I. Título.

93-3667   CDD-616.994019

Índice para catálogo sistemático:
1. Câncer: Aspectos psicológicos 616.994019

Compre em lugar de fotocopiar.
Cada real que você dá por um livro recompensa seus autores
e os convida a produzir mais sobre o tema;
incentiva seus editores a encomendar, traduzir e publicar
outras obras sobre o assunto;
e paga aos livreiros por estocar e levar até você livros
para a sua informação e o seu entretenimento.
Cada real que você dá pela fotocópia não autorizada de um livro
financia o crime
e ajuda a matar a produção intelectual de seu país.

BRIGANDO PELA VIDA

Aspectos emocionais do câncer

Lawrence LeShan

summus editorial

Do original em língua inglesa
YOU CAN FIGHT FOR YOUR LIFE
Emotional factors in the treatment of cancer
Copyright © 1977 by Lawrence LeShan
Direitos desta tradução adquiridos por Summus Editorial

Tradução: **Denise Maria Bolanho**
Revisão técnica: **Ruth Rejtman**
Capa: **Carlo Zuffellato / Paulo Humberto Almeida**

Summus Editorial

Departamento editorial:
Rua Itapicuru, 613 – 7º andar
05006-000 – São Paulo – SP
Fone: (11) 3872-3322
Fax: (11) 3872-7476
http://www.summus.com.br
e-mail: summus@summus.com.br

Atendimento ao consumidor:
Summus Editorial
Fone: (11) 3865-9890

Vendas por atacado:
Fone: (11) 3873-8638
Fax: (11) 3873-7085
e-mail: vendas@summus.com.br

Impresso no Brasil

Existe mais de uma centena de nomes — bravos companheiros, pioneiros, que confiaram em mim e me ajudaram a aprender; que lutaram com coragem e paixão indescritíveis buscando as raízes de sua patologia — tentando alcançar aquilo que jamais ousaram atingir antes: a maravilha e a beleza de serem eles mesmos. "Sei que não vou conseguir", diziam alguns, "mas talvez outra pessoa consiga, a partir daquilo que aprendemos juntos." Como gostaria de dizer-lhes que isso era verdade!

Lawrence LeShan
Outubro de 1976

SUMÁRIO

Apresentação da edição brasileira.................................... 9
Prefácio.. 11
Introdução... 13
Agradecimentos... 17
1. As primeiras pistas.. 19
2. A procura de um padrão.. 27
3. Surge um quadro mais completo.................................. 36
4. A história da vida emocional de pacientes de câncer...... 49
5. Estresse e suscetibilidade.. 64
6. A psicoterapia e o paciente de câncer......................... 78
7. Quero viver... 90
8. O terceiro caminho... 100
9. O mundo do paciente de câncer................................. 119
10. O que significa lutar por nossa vida.......................... 130
  Bibliografia selecionada de pesquisas sobre a relação entre
  os fatores psicológicos e o câncer............................... 135

APRESENTAÇÃO DA EDIÇÃO BRASILEIRA

Fomos agraciados com a vida, e portanto nos tornamos os responsáveis e os principais interessados em como vivê-la. É uma declaração simples, e talvez por isso mesmo tão negligenciada e esquecida.

Como conseqüência desse esquecimento, muitas vezes caímos em armadilhas que consomem nosso tempo e energia, provocando desgastes físicos e emocionais embora, em algumas raras e venturosas oportunidades, com grande esforço consigamos escapar dessas armadilhas com sucesso.

LeShan enfrentou corajosamente os mais céticos cientistas da época em que desenvolveu sua pesquisa e demonstra, nesta obra, com excepcional desprendimento, as pioneiras investigações no campo da medicina e da psicologia. Revela e esclarece a profunda relação entre os estados emocionais e o câncer. Exemplifica, através de casos clínicos, as inumeráveis situações conflitantes que podem causar estresse e a conseqüente depressão do sistema imunológico.

Baseando-se na sua experiência como psicólogo e nos dados obtidos nas pesquisas, LeShan traça o perfil psicológico de um provável paciente de câncer, com grandes possibilidades de acerto — um precioso alerta aos que ainda estão fisicamente sadios.

Se olharmos honestamente para dentro de nós mesmos e fizermos a pergunta: "De quem é a vida que estou vivendo?" e conseguirmos reconhecer que nem sempre é a nossa, um passo importante estará sendo dado para que comecemos a *brigar pela nossa vida*.

A proposta deste livro é ajudar as pessoas a descobrir opções, enfrentar desafios, vencer o medo e ter a ousadia de arrancar máscaras e mudar o rumo de suas existências, tantas vezes quanto as circunstâncias o exigirem.

Edmundo Barbosa
Psicólogo, fundador do ReVida

PREFÁCIO

Este livro *Brigando pela Vida*, representa o trabalho de um dos homens mais corajosos de nosso tempo. A pesquisa apresentada aqui é uma das mais importantes já realizada pela medicina. Assumir a difícil tarefa de consolidar a relação entre as emoções e o câncer, na época em que o Dr. LeShan iniciou seus estudos, é mais do que poderíamos pedir a qualquer ser humano. O fato de tê-la realizado em dez anos é algo pelo qual seremos eternamente gratos. Neste livro, ele juntou seus métodos e conhecimentos como psicólogo experimental à sua habilidade como clínico, esclarecendo de forma lógica a indefinível relação entre a mente e o câncer.

É importante lembrar o verdadeiro amor e sacrifício pessoal dedicados ao trabalho representado nesta obra: a grande dificuldade, para quem não é médico, de aproximar-se do paciente, ser ridicularizado nas mãos daqueles que não podiam compreender sua visão, experimentar a intensa dor emocional ao examinar, junto com os pacientes, o porquê de eles viverem e morrerem, sofrer o enorme sentimento de perda originado do amor pelos pacientes — envolver-se profundamente com eles e assistir impotente à sua morte. O alto preço emocional cobrado do Dr. LeShan foi pago à custa de sacrifícios impostos a si mesmo, à sua família, à sua vida. É impossível avaliar totalmente a grande força e coragem do Dr. LeShan, retratadas nesse livro. A não ser que tenhamos percorrido um pouco do seu caminho, não existem referências adequadas que nos permitam perceber a dor experimentada enquanto recebia críticas profissionais e observava a dor dos familiares, tendo como única recompensa a satisfação pessoal.

Este livro é de grande ajuda para que os profissionais — médicos, enfermeiras, conselheiros, membros do clero — e, principalmente, os pacientes e seus familiares, compreendam essa relação tão indefinível entre as emoções e o câncer.

O. Carl Simonton, M.D.

INTRODUÇÃO

A ansiedade, tão presente na vida diária, preocupa os médicos do mesmo modo como — há uma ou duas gerações — as doenças infecciosas os preocupavam. O relatório de 1979 do United States Surgeon General mostra que em 1900, quatro doenças — a tuberculose, a difteria, a poliomielite e a gastrenterite — encabeçavam a lista das doenças fatais. Contudo, estas mesmas doenças provocaram um total combinado de apenas 10.000 mortes em 1978. Caso a incidência dessas doenças fosse, em 1978, a mesma de 1900, o número de mortes teria ultrapassado 875.000. Baseado nesses progressos e no aumento da média da expectativa de vida, o relatório conclui que os americanos estão muito mais saudáveis do que jamais estiveram. Mas esse mesmo relatório também chama a atenção para o predomínio da ansiedade como uma importante ameaça à saúde, e para os problemas representados pelo uso indiscriminado de drogas, especialmente os tranqüilizantes.

Será que a ansiedade pode levar a uma doença grave? Muitos pesquisadores afirmam que dificilmente existe uma doença grave que não possa ser provocada pela ansiedade profunda. Até o câncer pode ter suas origens nas tensões ou distúrbios emocionais. A depressão e o desespero podem deixar marcas não apenas na mente mas também no corpo. Os pesquisadores contemporâneos conseguiram estabelecer correlações entre os distúrbios emocionais e as doenças malignas. Nos últimos 25 anos, foram incluídos na literatura psiquiátrica estudos realizados por nomes como Bahnson, Kissen, LeShan, Reznikoff, Schmale e Iker. Eles investigaram as causas não-fisiológicas de alguns tipos de câncer e tentaram identificar os perfis de personalidade nos quais o desespero ou a depressão prolongados, ou outros fatores emocionais, tendem a transformar-se em doenças malignas.

Lawrence LeShan destaca-se entre aqueles que tentaram lidar preventivamente com essas enfermidades, ajudando pessoas predispostas ao câncer a fazer ajustes essenciais em suas atitudes com relação ao estresse e em sua capacidade de enfrentar situações que, de outro modo, conduziriam a uma perigosa ansiedade e depressão.

Embora muitos desses métodos sejam relativamente recentes, devemos salientar que a relação entre as doenças malignas e as emoções foi reconhecida há pelo menos mil e oitocentos anos. Galeno, que nasceu no século II e foi um notável filósofo-médico de sua época, observou que as mulheres que sofriam de melancolia tinham maior tendência a desenvolver câncer no seio do que aquelas com temperamento e visão mais positivos. Observações semelhantes foram feitas ao longo dos séculos, especialmente nos últimos duzentos anos. Mas, apenas recentemente foram desenvolvidos métodos mais específicos para compreender a relação entre o câncer e as emoções.

Uma linha de pesquisa particularmente convincente, discutida neste livro, diz respeito à habilidade da pessoa para exercer algum controle sobre seu sistema nervoso autônomo, deste modo contribuindo eficazmente para a batalha contra as doenças graves. A idéia de que o funcionamento interno do sistema nervoso humano — a circulação sanguínea, a reprodução das células, o sistema endócrino, as funções cardíacas e outras — encontra-se fora do alcance da inteligência consciente, é bastante difundida. Naturalmente, é verdade que essas funções ocorrem sem que tenhamos consciência delas. Mas isto não quer dizer que estejam totalmente fora de nosso controle. Algumas das pesquisas médicas mais marcantes dos últimos anos ocorreram na área relacionada ao autocontrole. Na sede da Fundação Menninger em Topeka, Kansas, por exemplo, os pacientes são ensinados, em laboratórios de *biofeedback*, a reduzir a pressão alta, atenuar enxaquecas e também a aumentar o fluxo de sangue nas mãos. Esse exercício mostrou-se bastante potente no alívio da enxaqueca e na diminuição da pressão sanguínea. Existem aproximadamente 350 casos documentados que confirmam esse método.

Naturalmente, nem todas as doenças humanas podem ser tratadas através de técnicas de autocontrole, mas a intervenção médica funciona muito melhor quando os recursos do paciente são totalmente mobilizados. Esses recursos não são fictícios. O corpo humano possui um sistema de cura altamente desenvolvido que, na grande maioria das vezes, é apropriado para enfrentar os desafios que encontra. Nos casos em que o equilíbrio de forças é negativo, talvez seja necessário buscar ajuda. Contudo, mesmo em circunstâncias graves, sabe-se que a força desse sistema pode diminuir ou aumentar, dependendo dos fatores emocionais que a envolvem. O pânico e a incerteza, resultados quase inevitáveis da enfermidade severa, podem realmente intensificar a condição básica, abrindo caminho para uma reação em cadeia, na qual a disposição piora a doença e a doença piora a disposição. É por isso que o médico deve ser um psicólogo compreensivo e não apenas um cientista treinado. Ele sabe que os medicamentos podem ser muito mais eficazes quando o pânico do paciente é eliminado pela sua vontade de viver, pela esperança e pela confiança no médico e em si mesmo.

Existe alguma base científica para acreditarmos que as emoções positivas têm efeitos fisiológicos específicos? Há muito sabemos que as emoções negativas provocam determinados efeitos químicos prejudiciais ao corpo, mas, apenas recentemente, os pesquisadores começaram a reunir provas de que as emoções positivas também podem provocar alterações químicas. Agora, temos uma imagem do cérebro, não apenas como a sede da consciência, mas como uma glândula — a glândula mais produtiva do corpo humano. Ano após ano, o número de secreções identificadas produzidas pelo cérebro tem aumentado regularmente.

Alguns neurologistas afirmaram que elas são em número de pelo menos 380 — e acreditam que durante a próxima década os cientistas poderão identificar o dobro ou o triplo dessa quantidade. Atualmente, sabemos com certeza que o cérebro produz uma enorme variedade de encefalinas e endorfinas — substâncias semelhantes à morfina que não somente eliminam a dor mas também ajudam o doente a dar os primeiros passos para a recuperação. O cérebro também participa na produção de gamaglobulina, a substância vital do sistema imunológico. Recentes descobertas sobre o cérebro chamaram a atenção pública para a produção de interferona, uma substância bloqueadora do câncer.

Uma vez que essas secreções estão diretamente envolvidas na manutenção da saúde e no controle da doença, é natural imaginarmos se a inteligência consciente participa de algum modo em seu funcionamento ou se elas existem com total independência das forças emocionais, intelectuais e climáticas. Uma coisa parece provável: em situações de depressão, desespero, pânico, medo, exasperação e frustração, os recursos de cura do cérebro humano não se encontram totalmente envolvidos. Entretanto, em situações onde há muita esperança e vontade de viver, intensifica-se a capacidade do cérebro para provocar alterações químicas.

Pelo menos, essas são as evidências que atualmente surgiram em centros de pesquisas como a Universidade de Stanford, a Universidade de Harvard, a Universidade da Califórnia, em São Francisco, a Universidade de Illinois e em pelo menos uma dúzia de outros centros de pesquisa nos Estados Unidos e em outros países. Lawrence LeShan utiliza esse conhecimento em franco desenvolvimento para ajudar os indivíduos a compreender sua aptidão para aproveitar ao máximo sua capacidade de cura e adotar um modelo de vida que possa favorecer sua boa saúde.

Norman Cousins

AGRADECIMENTOS

Acima de tudo, quero agradecer a Richard E. Worthington, Ph.D., por compartilhar minhas primeiras idéias sobre a existência de uma relação entre o câncer e a personalidade — e por sua fé em minha competência para pesquisar esse assunto, tendo sido o primeiro a aceitar este trabalho. Contudo, o projeto não poderia ter senão uma breve existência se Frederick Ayer, II, através da Fundação Ayer, não tivesse demonstrado interesse, entusiasmo e determinação de vê-lo concluído, oferecendo mais apoio do que a maioria dos pesquisadores ousaria pretender. No campo da pesquisa científica, são poucos os casos em que uma fundação apóia um projeto o tempo suficiente para que o próprio pesquisador sinta que terminou sua tarefa!

Depois de ter conseguido esse apoio financeiro, descobri, para minha surpresa, que nenhum hospital, nenhum centro de pesquisa em toda a área metropolitana de Nova York, permitiria que eu visitasse seus estabelecimentos, embora, naquela época, tudo o que pedi foram pacientes de câncer que eu pudesse entrevistar e testar (se os pacientes quisessem). Em alguns casos, os diretores e outros membros da equipe confessaram suspeitar que minha pesquisa poderia ser importante, mas que eu traria "má reputação" às suas instituições. Um grupo de pesquisa, o Instituto de Biologia Aplicada arriscou-se a permitir minhas investigações. O diretor, Emmanuel Revici, M.D., disse-me: "Sabemos que devem existir algumas variáveis intermediárias que não compreendemos, porque é quase impossível prever, em termos médicos, quem irá se recuperar do câncer e quem irá morrer. Talvez você esteja no caminho certo — só o tempo dirá. No momento, não tenho meios para saber se você é ou não um charlatão; o tempo dirá. *Mas você tem o direito de investigar.''*

No decorrer da pesquisa, que finalmente ampliou sua atuação para um nível internacional, algumas pessoas foram particularmente úteis para que eu pensasse muito e considerasse criticamente o que estava fazendo. Menciono quatro colegas com quem tive um relacionamento muito significativo: David Kissen, M.D., Gotthard Booth, M.D., Graham Bennette, M.D. e, especialmente, Edgar N. Jackson.

Em razão da natureza do meu trabalho — lidar quase permanentemente com pacientes terminais — eu me encontrava em constante estado de luto e pesar, uma vez que muitas pessoas com as quais tanto me preocupei, morreram. Teria sido impossível atuar eficazmente, quanto mais sobreviver como ser humano, sem um apoio extraordinário. A terapeuta de controle, que acreditou em meu trabalho — e em mim — e que estava sempre pronta a me proporcionar sábios *insights*, afeto e constante estímulo, foi Marthe Gassmann, M.D.

Tive duas companheiras constantes em minha aventura, e agora, num retrospecto me admiro e me surpreendo com a aprovação amorosa, o apoio e o estímulo que elas me deram. Uma delas foi minha filha Wendy, uma menininha que, de algum modo, conseguiu sentir-se orgulhosa em vez de rejeitada, devido à minha inevitável dedicação a este trabalho, e a outra, minha esposa Eda, que foi, essencialmente, a companheira que tornou tudo possível.

Devo este livro ao interesse e ao estímulo de Herbert Katz, e à compreensão e entusiasmo (e habilidades literárias) de John Malone.

Lawrence LeShan

1

AS PRIMEIRAS PISTAS

O câncer não é apenas uma doença; são diversas doenças relacionadas que afetam, de várias maneiras, diferentes partes do corpo humano. E, em parte por esse motivo, continua sendo a mais misteriosa de todas as doenças graves. Felizmente, durante as últimas décadas, houve muitos avanços no tratamento do câncer, do ponto de vista estritamente médico: novos métodos cirúrgicos foram aperfeiçoados, a utilização da quimioterapia e radioterapia que, em muitos casos, provaram sua eficácia, e outras experiências que abrangem desde o uso de novas drogas até a aplicação de temperaturas elevadas nas regiões afetadas, e que oferecem a promessa de uma ajuda complementar para as vítimas do câncer. Contudo, o mistério permanece. Apesar de todos os avanços no tratamento, as *causas* do câncer continuam sendo motivo de especulações e controvérsias.

Mas, após duas décadas de trabalho com pacientes de câncer, acredito que possa apresentar novas evidências e *insights* sobre as razões que levam alguns indivíduos a adquirir câncer e outros não, e sobre os fatores que permitem a algumas vítimas do câncer ter sucesso na luta por suas vidas, enquanto outras rapidamente sucumbem à doença. Sou psicoterapeuta e não um pesquisador médico. Mas, baseado em meu trabalho com dezenas de pacientes terminais submetidos a intensa psicoterapia, bem como em amplos estudos sobre a personalidade de centenas de outras vítimas do câncer, há uma generalização que acredito possa ser feita com bastante segurança: a presença do câncer é uma indicação de que existe alguma outra coisa errada na vida do paciente. Geralmente, a vítima do câncer possui uma tendência psicológica que aumenta suas chances de adquirir a doença e, muitos, quando realmente a desenvolvem, tornam-se menos propensos a lutar por suas vidas.

Quase todos os pacientes de câncer que me procuraram para fazer psicoterapia eram terminais. Em quase todos os casos, a expectativa de vida era mínima. Naturalmente, eles continuaram sob tratamento médico. Era função dos médicos, quimioterapeutas e enfermeiras, aliviar sua dor e tentar retardar o avanço do câncer através dos recursos da medicina. Era minha função tentar ajudá-los, através da psicoterapia, a desenvolver ou recuperar a vontade de viver. Era minha função encontrar aquela "outra coisa" que estava errada, expor as raízes daquela tendência psicológica que impede que muitos pacientes de câncer utilizem seus recursos humanos para combater a enfermidade, aquela "outra coisa" que acredito estar relacionada com o desenvolvimento da doença em primeiro lugar. Muitos de meus pacientes ainda estão vivos, anos depois de terem sido diagnosticados pelos médicos como casos sem esperança.

Meu trabalho não incluía o estudo de células ao microscópio. Eu trabalhava com pessoas — indivíduos. Ao todo, eram setenta e um. Cada um deles era único, embora todos estivessem ligados por alguns traços comuns. Esta é a história deles, mais do que a minha. Aquilo que eles têm a nos dizer sobre o desespero e como aprender a ter esperança, está além dos mistérios do próprio câncer. Sua história é a respeito do significado de estar vivo.

Lembro-me de Jenny.

Como acontecia com todos os meus pacientes, quando encontrei Jenny pela primeira vez, ela estava morrendo de câncer. A doença disseminara-se bastante e com muita rapidez para que uma cirurgia pudesse ser útil. Em sua voz tranqüila, Jenny me contou que não ficara surpresa com aquele desfecho para sua vida. Sempre sentira que nada jamais daria certo para ela, que não tinha nenhuma esperança real de encontrar a felicidade. Alguns anos antes do surgimento do câncer submetera-se à psicoterapia tradicional, numa tentativa de descobrir aquilo que a havia impedido de desenvolver qualquer sentimento de realização ou de adquirir qualquer esperança para o futuro. Contudo, a resposta continuava lhe escapando e, quando adquiriu o câncer, considerou-o como apenas mais um exemplo da inutilidade de sua vida.

Após o diagnóstico da doença e da notícia de que seu caso estava fora do alcance da medicina, ela me procurou para fazer terapia.

Na época, eu estava trabalhando com alguns pacientes de câncer, num programa do Instituto de Biologia Aplicada. Tentava desenvolver novos métodos para lidar com os problemas específicos dos pacientes de câncer e, ao mesmo tempo, continuava um projeto de pesquisa relacionado à possível relação entre a personalidade e a incidência do câncer.

Estava tratando de Jenny há alguns meses quando, um dia, ela disse uma coisa que resumia precisamente o espírito de meu trabalho. "Sabe", disse ela, com um leve sorriso, "este é um tipo estranho de psicoterapia. A gente faz e é muito agradável e interessante; aprende-se muita coisa e não existe tensão e, de repente, descobrimos que estamos lutando por nossa vida." Ela hesitou, pensou um pouco, riu e acrescentou: "Acho que com a última frase, eu quis dizer, 'lutando por nossa vida', nos dois sentidos."

Para mim, Jenny não poderia ter dito nada mais estimulante do que essas palavras que mostravam que realmente começara a ter um pouco de esperança para si mesma enquanto pessoa, independentemente do tempo que viveria. E indicavam que passara a acreditar, como eu, que *podemos* lutar por nossa vida, que o câncer em seu corpo não existia, não importando o modo como se sentia com relação à sua vida, mas que, na verdade, estava relacionado a isso.

O câncer é uma doença que suscita inúmeras perguntas — perguntas para as quais, algumas vezes, parecem existir tantas respostas, ou respostas parciais, quantas são as pessoas que as formulam. Atualmente, a pesquisa sobre o câncer focaliza principalmente a área dos fatores ambientais — uma ampla tentativa para identificar as substâncias presentes em nosso mundo, naturais ou produzidas, que podem agir como carcinógenos. Essas possíveis substâncias causadoras do câncer abrangem desde a fumaça do cigarro até os estrogênios sintéticos encontrados em certas drogas, desde o amianto em alguns revestimentos e isolantes, até o cloreto de vinil amplamente utilizado na produção de plásticos.

Essa pesquisa é vital para compreendermos as substâncias que provocam câncer. Mas existem restrições com respeito àquilo que os laboratórios de pesquisa ou as estatísticas nos mostram. Médicos e cientistas freqüentemente discutem se uma substância química que provoca câncer em animais também agirá do mesmo modo em seres humanos. Um outro problema é o fato de que o período de latência entre a exposição a um carcinógeno e o desenvolvimento de um tumor real pode chegar a 35 anos. Assim, o desenvolvimento do câncer em pessoas jovens, na adolescência ou juventude, não é adequadamente considerado. Mas, além dessas questões técnicas, permanece um mistério maior. Por que um trabalhador da área de construção, exposto ao pó de amianto durante alguns anos desenvolve o câncer, enquanto outro, que trabalhou a seu lado não o desenvolve? Por que um fumante adquire câncer no pulmão aos 40 anos de idade, enquanto outro vive até os 80 anos sem nenhum problema? Uma resposta parcial a essas perguntas parece estar na genética. Parece que algumas pessoas possuem uma predisposição herdada para a doença, da mesma forma que outras são propensas à catarata ou a problemas auditivos. Mas essa resposta apenas provoca mais perguntas. Para começar, a pesquisa genética é uma das áreas mais complexas da ciência — o número de variáveis a ser considerado é espantoso. Qualquer explicação sobre as razões por que, de cinco irmãos, dois são atingidos pelo câncer enquanto os outros três continuam sadios, parece estar longe da verdade. E embora a genética possa explicar parcialmente por que algumas pessoas adquirem câncer, ela não pode explicar o fato de que muitas vítimas dessa enfermidade, cujos casos são considerados incuráveis, continuem a viver por muitos anos, e que em alguns casos o câncer regrida, deixando os pacientes perfeitamente saudáveis. Veja, por exemplo, o caso de John.

Há doze anos, com 35 anos, John começou a sentir fortes dores de cabeça. Advogado, John parecia levar uma vida feliz e bem-sucedida. Morava com sua atraente esposa e três filhos numa luxuosa casa nos subúrbios e sua posição na firma de advocacia do pai lhe garantia um futuro estável.

Entretanto, John não vivia a vida que teria escolhido para si. Embora na infância tivesse demonstrado um talento musical incomum, era muito tímido e retraído. Achava difícil transmitir suas verdadeiras emoções e desejos, e acabou aceitando os caminhos de vida que os pais escolheram para ele, tornando-se advogado para agradar ao pai e casando com a garota que a mãe escolhera. Acreditando que só poderia receber amor dos outros fazendo aquilo que esperavam dele, sacrificou seus próprios sonhos.

Assim, como Jenny, sentia-se preso a uma vida sem esperança e desprovida de satisfação pessoal. Ele detestava trabalhar como advogado e seu casamento era marcado por sérios conflitos. Dois anos antes do início da doença, deixara a esposa para tentar carreira como músico. Mas, incapaz de ganhar o suficiente para sustentar a família, e consumido pela culpa, voltou para casa, desistindo de qualquer esperança de felicidade verdadeira. Alguns meses depois, começaram as dores de cabeça.

Uma cirurgia exploratória revelou um enorme tumor cerebral, desenvolvido a tal ponto, que nada pôde ser feito a não ser fechar novamente a incisão. Disseram-lhe que não viveria mais do que alguns meses. Paradoxalmente, a iminência da morte pareceu liberar uma nova onda de força interior.

Os médicos lhe disseram que não havia cura para um tumor como o seu, mas, em vez de desistir, procurou tratamentos não ortodoxos que poderiam ajudá-lo. Ao ler sobre meu trabalho com um tipo de psicoterapia principalmente dirigido a pacientes terminais de câncer — que, na época, era associado à nova técnica da quimioterapia — decidiu tentar essa abordagem invulgar e entrou em contato conosco no Instituto de Biologia Aplicada. John permaneceu no instituto durante três anos. Na terapia comigo, aprendeu que era possível lutar por sua vida. Começou outra vez a trabalhar seriamente em sua música e divorciou-se. Atualmente, John está bem de saúde e fazendo aquilo que sempre desejara para si mesmo, trabalhando como músico profissional numa orquestra sinfônica.

Será a cura de John um "milagre"? Ou talvez esteja relacionada ao modo como ele se sente com relação a si mesmo e a seu mundo? Como um homem sem esperança, ele desenvolveu um tumor; como um homem com esperanças renovadas, seu câncer "terminal" desapareceu. Discutiremos nos próximos capítulos alguns dos processos através dos quais John descobriu novamente a esperança em si próprio. Por enquanto, resumindo, John começou a compreender que podia ser amado fazendo aquilo que desejava com sua vida, e não apenas aquilo que os outros desejavam dele. Assim que se convenceu disso, foi capaz de mobilizar todos os recursos dessa nova percepção, para lutarem contra o câncer. E venceu a batalha.

Obviamente, as abordagens comuns aos problemas do câncer não respondem adequadamente às perguntas envolvidas num caso como o de John, que abrange muito mais fatores do que a genética ou os carcinógenos ambientais. Seu câncer — e sua cura — estão relacionados àquela "outra coisa" da qual já falamos. Para solucionar o mistério, torna-se vital buscar outras pistas. Nos casos de Jenny e John, e em dezenas de outros pacientes, pode-se distinguir um padrão comum a todas essas pessoas.

É um padrão que percebi pela primeira vez no início dos anos 50, quando trabalhava com outro psicólogo pesquisador, o Dr. Richard Worthington. Ao examinarmos os testes de personalidade de pessoas que posteriormente morreram de câncer, encontramos semelhanças surpreendentes na configuração de suas características e na história de suas vidas. Para mim, a sugestão de Worthington de que talvez pudesse haver uma ligação entre o câncer e o modo de o paciente enxergar a si mesmo e a seu mundo, parecia uma pista que deveria ser seguida até o fim.

Por mais de duas décadas, tenho seguido a orientação daquela primeira pista, o que me afastou bastante dos caminhos habituais da pesquisa sobre o câncer. Embora os médicos há muito tivessem aceito a idéia de que a personalidade e as emoções podem causar problemas como úlceras, asma e enxaquecas, havia muita resistência a aceitar a idéia de que poderia existir uma base psicossomática para uma doença tão voraz quanto o câncer. Afinal, existiam explicações simples para o desenvolvimento de úlceras em indivíduos tensos, ansiosos, estressados. A tensão deles provocava a secreção excessiva dos ácidos do estômago, que corroíam seu revestimento, formando uma lesão ou úlcera. Mas, de que modo o estado emocional de uma pessoa poderia fazer com que células individuais alterassem seu padrão de crescimento normal, tornando-se malignas?

Desde o início, soube que essa pergunta seria muito difícil, se não impossível, de ser respondida. A *prova* científica, na qual causa e efeito podem ser demonstradas nitidamente, é difícil de ser alcançada em qualquer área que envolva a personalidade humana. Mas o problema da prova demonstrável é o que mais nos aflige, mesmo as experiências mais controladas sobre o câncer — e por isso continuam sendo feitas perguntas sobre laboratórios de pesquisa que produzem câncer em animais através da ingestão ou injeção de possíveis carcinógenos.

Será que o fato de amplas doses de determinada substância química produzirem câncer em ratos, pode ser convincentemente extrapolado para provar que quantidades menores da mesma substância química inevitavelmente provocarão câncer em seres humanos, especialmente quando a exposição ocorre durante um período de tempo bem mais longo? Alguns médicos e pesquisadores dizem que sim, e outros são bastante céticos. Sempre haverá perguntas sobre qualquer teoria que não possa ser totalmente comprovada. Mas o próprio câncer faz uma indagação: vida ou morte? Qualquer teoria, qualquer método, que ofereça a mais leve possibilidade de aumentar nossa compreensão sobre a doença, não deve ser apenas investigado — exige uma exploração.

Assim, eu estava determinado a continuar, apesar de no início de meu trabalho sobre a existência de uma relação entre o câncer e as emoções, eu ter sido recusado, sucessivamente, por hospitais ou centros de pesquisa. O respeitado chefe de um grupo que trabalhava com pacientes de câncer disse-me: "Mesmo que daqui a 10 anos você prove sua teoria, eu não acreditarei nela." Felizmente, essa atitude mudou, não apenas de modo geral, mas no caso desse homem em particular. Recentemente, ele foi citado no *New York Times* como tendo "descoberto" que determinadas características da personalidade eram comuns a seus pacientes de câncer. Avanços em outros campos da medicina, incluindo evidências relacionadas à predisposição para ataques cardíacos entre indivíduos hiper-sensíveis do "Tipo A", acrescentaram credibilidade ao conceito sobre o envolvimento psicossomático em doenças graves.

No decorrer de minha pesquisa, descobri que, nos séculos XVIII e XIX, o conceito sobre uma ligação entre a história da vida ou a personalidade de um indivíduo e o câncer era amplamente aceito. Mas por que essa idéia caiu no esquecimento? Parece haver duas razões possíveis. Para começar, até que Freud e outros psicanalistas pioneiros começassem a desenvolver as ferramentas psicológicas para ajudar as pessoas a mudar a tendência de suas personalidades, havia pouca coisa que um médico pudesse fazer, além de simplesmente observar a relação com fatores emocionais. Em segundo lugar, desde a virada do século, a ciência médica realizou grandes progressos no tratamento dos aspectos puramente físicos do câncer. Métodos para o diagnóstico precoce, aperfeiçoamento de técnicas cirúrgicas e novos avanços da quimioterapia e radioterapia, ajudaram a salvar a vida de inúmeras pessoas. O sucesso desses métodos tecnológicos concretos para lidar com o câncer favoreceu um enfoque limitado, que localizava o câncer em determinada região do corpo, em vez de abrir o caminho para a consideração da pessoa como um todo — apesar de atualmente existirem ferramentas psicológicas que tornam possível uma abordagem alternativa.

O sucesso de técnicas cirúrgicas e outras, certamente não diminui a necessidade de uma compreensão maior dos fatores psicológicos envolvidos — não apenas para identificar síndromes emocionais que podem tornar certos indivíduos mais suscetíveis ao câncer, mas também para ajudar aqueles que são forçados a enfrentar essa crise em suas vidas, da forma mais construtiva possível. Um número cada vez maior de médicos está demonstrando interesse em saber por que um paciente que deveria sobreviver não sobrevive e, inversamente, por que um outro paciente, cujas condições físicas pareciam indicar a morte próxima, continuou levando uma vida plena e satisfatória durante muitos anos. Há também uma crescente curiosidade sobre aquilo que está por trás das "milagrosas" remissões ocorridas em alguns pacientes.

Por todas essas razões, acredito que é hora de explorar essas questões num livro dirigido ao público em geral. Baseado em mais de duas décadas de pesquisas nessa área, bem como no contínuo trabalho de outros pesquisadores, médicos e psicoterapeutas, meu objetivo é investigar três áreas de interesse fundamental. Primeiro, pretendo apresentar amplas evidências de que *existe um tipo de configuração de personalidade comum à maioria dos pacientes de câncer*, e sugerir algumas razões que fazem com que as respostas emocionais desses indivíduos os tornem mais suscetíveis ao câncer.

Em segundo lugar, e mais importante, desejo descrever algumas maneiras através das quais *as pessoas, cuja personalidade ou história de vida se ajustam a esse padrão de suscetibilidade, possam tomar as providências para se protegerem contra a possibilidade do câncer*. Ao desenvolverem uma nova perspectiva sobre suas vidas, e ao serem preparadas para lidar com determinados tipos de problemas emocionais, acredito que indivíduos potencialmente vulneráveis podem criar um nível de "imunidade" psicológica que aumentará suas chances de resistir à doença.

Finalmente, tentarei mostrar como o paciente em estado crítico pode aproveitar ao máximo o restante de sua vida. Para o paciente "terminal", não importa saber quantos meses ou anos de vida ele terá, mas como este tempo deve ser vivido. Como psicoterapeuta, tratei de muitos pacientes de câncer. Em dezenas de casos, foi possível ajudá-los a adquirir um sentimento de satisfação pessoal que jamais haviam experimentado anteriormente, para que o tempo que lhes restava fosse o período mais satisfatório de suas vidas. Para outros, que reagiram otimamente ao tratamento, houve uma regressão ou estabilização do câncer e, como John, o músico, sobreviveram felizes durante muitos anos apesar do diagnóstico inicial que os deixou sem esperanças.

Na verdade, a esperança é o verdadeiro tema deste livro. Pois o indivíduo que, reconhecendo o valor de sua própria vida, busca continuamente a auto-realização — o indivíduo cujas esperanças de viver uma vida rica são suficientemente elevadas para lhe permitir lidar com problemas temporários — parece ser mais resistente ao câncer. Entre aqueles que são atingidos pela doença, os mais capazes de recuperação são os homens e mulheres que podem descobrir uma nova fonte de esperança, sejam quais forem as desilusões do passado, e que adquirem uma nova percepção de si mesmos — o verdadeiro reconhecimento de suas necessidades e de seu valor como seres humanos.

2

A PROCURA DE UM PADRÃO

Quando comecei minha pesquisa, no início dos anos 50, a literatura moderna sobre a questão da relação entre a personalidade e o câncer ainda não havia surgido. A maioria dos relatórios clínicos anteriores ao século XX foi ignorada por tanto tempo, que sua própria existência era quase desconhecida. Assim, estava me aventurando, no verdadeiro sentido da palavra, em território desconhecido. Era um explorador sem nenhum mapa; havia certas trilhas que pareciam promissoras mas eu não podia saber se elas realmente me conduziriam a um horizonte mais amplo, ou se iriam me deter em algum pântano de evidências conflitantes.

A pesquisa realizada numa área sobre a qual pouco se conhece, apresenta problemas específicos. Nem sempre é possível formular determinadas hipóteses e testá-las — esta abordagem deve vir depois. Inicialmente, o processo deve abranger uma investigação geral. É preciso olhar em diversas direções, tentar diversos métodos de abordagem, reunir o máximo de informações, estar atento às pistas e relações que ofereçam uma possibilidade de exploração posterior e, por último, mas não menos importante, seguir nossos próprios palpites. No início de uma pesquisa, organizar conceitos e testá-los de acordo com métodos científicos precisos, provavelmente não nos levará a lugar nenhum. Antes de formular possíveis respostas, precisamos aprender o suficiente para fazer as perguntas certas.

Assim, minha primeira tarefa era reunir dados sobre a história de vida, a estrutura da personalidade e o comportamento emocional de pacientes que sofriam de doenças malignas. Então, eu estudava esse material, avaliava-o com relação a uma série de pontos de referência e, geralmente, ficava "ruminando" para ver quais os padrões significativos que poderiam surgir. Utilizando essas primeiras pistas, pude procurar padrões semelhantes em outros pacientes, bem como em grupos de controle formados por indivíduos não afetados pelo câncer. Finalmente, se os padrões ainda parecessem válidos, eu os testava através de técnicas científicas tradicionais.

Na primeira fase desse trabalho — a reunião de elementos relacionados à personalidade de pacientes de câncer — foram utilizadas três técnicas. Primeiro, apliquei uma série de testes psicológicos nos pacientes do Instituto de Biologia Aplicada. Por sua tradição na área de psicologia clínica, o Teste de Rorschach ("mancha de tinta") parecia ser o melhor ponto de partida. Nenhum outro teste fora tão extensivamente utilizado; nenhum era tão apoiado pela literatura psicológica. Porém, surgiram algumas dificuldades.

Os pacientes souberam que iriam fazer o teste e conversaram entre si antes de visitar seus médicos. Como o Rorschach é um teste bastante conhecido, eu esperava que os pacientes o aceitassem naturalmente. Era importante que não soubessem exatamente por que iriam fazer o teste — eu não queria provocar ansiedade ou relacionar o teste ao fato de estarem com câncer, pois esse conhecimento poderia influenciar suas escolhas.

Porém, infelizmente, houve muitas suspeitas e ressentimentos em muitos pacientes. De um modo geral, ficaram confusos ao saber que iriam fazer um teste *psicológico*. Os resultados do teste, ou protocolos, revelaram atitudes defensivas e muitas restrições. A recepcionista da clínica, que informalmente monitorou os comentários dos pacientes na sala de espera, preparou relatórios que indicavam nitidamente que o teste realmente estava provocando ansiedade. Esta era a última coisa que eu queria, tanto em termos de obter informações válidas, quanto em relação ao bem-estar dos pacientes.

Havia ainda um outro problema. O Rorschach é, de certo modo, um teste limitado; oferece muitas informações sobre os elementos no inconsciente da pessoa e boas estimativas sobre a força e estabilidade do ego. Contudo, a não ser quando utilizado com habilidade excepcional, proporciona poucos dados sobre a atuação do paciente no mundo, como relacionou-se a ele no passado e como é sua vida cotidiana no presente. Ora, exatamente essas considerações é que pareciam mais importantes. Se houvesse uma ligação entre a personalidade e a suscetibilidade ao câncer a ser encontrada, parecia provável que surgiria mais nitidamente na maneira como o indivíduo vivia e relacionava-se com o mundo, como enfrentava os desafios da vida no dia-a-dia e como enxergava a si mesmo dentro da interação contínua entre ele e as pessoas e acontecimentos de sua vida. Assim, foram reunidos apenas 30 testes de pacientes de câncer durante o estudo, embora tenham provado sua utilidade ajudando a avaliar diversos elementos de minha hipótese.

O próximo teste foi o Teste da Apercepção Temática (TAT). Nesse teste, mostra-se ao paciente uma série de figuras, semelhantes às ilustrações típicas de revistas, e pede-se que invente uma história sobre o que está acontecendo na figura. Embora o TAT ofereça um quadro mais amplo sobre a personalidade do paciente, as reações novamente foram negativas. Parecia que ia ser muito difícil aplicar o teste em um grande número de pessoas sem prejudicar seriamente o estado de ânimo do paciente e sem muitas recusas abertas ou veladas, para submeter-se a ele. Conseguimos uma série de 15 TATs e durante a última parte da pesquisa, outros 12 pacientes fizeram o teste. Estes resultados também provaram sua utilidade para a realização de avaliações globais sobre os dados.

Finalmente, escolhemos outro teste que foi muito bem-sucedido. Esse teste, denominado História Pessoal de Worthington, é um questionário de quatro páginas que o próprio paciente preenche. Ele inclui seções sobre temas da vida como: família, educação, trabalho, objetos, metas, saúde, etc. No geral, assemelha-se a um teste vocacional. Embora não seja muito conhecido, parecia admiravelmente adequado ao projeto, proporcionando uma compreensão das principais tensões inconscientes, das defesas do ego e das técnicas de atuação e relacionamento utilizadas na vida cotidiana. Ele também oferecia um quadro sobre os lugares onde o paciente estivera em sua vida, o que fizera e como se sentira com relação a diferentes períodos de sua história pessoal. A Worthington Associates, Inc. permitiu meu acesso a 12.000 registros obtidos em estudos industriais, que formaram um excelente grupo de controle para ser comparado com a avaliação dos testes de pacientes de câncer.

O mais importante é que os pacientes demonstraram pouca resistência ao teste. Apresentado como "um formulário que gostaríamos que você preenchesse para podermos saber mais a seu respeito e ser capazes de realizar um trabalho melhor", o teste despertou um mínimo de ansiedade, de acordo com os comentários na sala de espera da clínica. No decorrer do estudo, foram aplicados 455 desses testes.

Outra técnica usada para reunir informações fundamentais sobre a situação de vida e a auto-imagem dos pacientes de câncer foi a entrevista curta. O perfil destas entrevistas foi cuidadosamente avaliado. As entrevistas estruturadas, nas quais são feitas uma série de perguntas específicas, apresentam um tipo especial de problema, pois delimitam antecipadamente os dados que podem ser obtidos. Obviamente, isso era desaconselhável. A principal dificuldade dos primeiros estágios de minha pesquisa era a impossibilidade de saber quais os dados que estávamos procurando. Mas, por outro lado, entrevistas não estruturadas podem deixar escapar áreas cruciais de vida.

Um fator especial a ser considerado era que o paciente de um serviço de atendimento de câncer precisava receber explicações sobre os motivos de estar sendo entrevistado. Esse motivo não precisava ser formalmente expressado, mas a entrevista devia "fazer sentido" dentro de um contexto médico. Geralmente, os pacientes desejam saber por que estão sendo entrevistados ou testados; e uma resposta superficial pode provocar ressentimentos que irão prejudicar seu estado de espírito e aumentar sentimentos depressivos, bem como deturpar os dados solicitados. Muitos pacientes são bastante sensíveis ao fato de serem tratados como "cobaias", e deve-se tomar cuidado para evitar qualquer atitude que lembre tal procedimento.

Além disso, se não houver nenhuma nítida razão médica para a entrevista, os pacientes provavelmente interpretam-na como uma procura por fatores psicológicos em sua doença. Uma vez que já sabemos que os entrevistados têm uma forte tendência a conceder ao entrevistador aquilo que ele deseja, graves distorções também podem ser inseridas nos protocolos. Era importante obter um quadro daquilo que o paciente considerava como fatores importantes no desenvolvimento de sua doença — mas reconheci o perigo de "sugerir" que fatores psicológicos realmente eram os causadores, apenas por estarem se sujeitando a um exame psicológico. Afinal, os pacientes, estavam num centro de câncer para se submeter ao tratamento *médico*.

Por essas razões, decidimos começar cada entrevista com uma história sobre a doença do paciente. Quando notara os primeiros sintomas? Quais eram esses sintomas? Como ele se sentira? Esse procedimento tinha a vantagem adicional de apresentar um quadro sobre como o paciente via sua doença *agora*. Quando eu compreendia a linguagem que o paciente utilizava para descrever sua doença, podia utilizar os mesmos termos e, desse modo, evitar acrescentar mais tensões à situação.

Quando atingi esse ponto, ampliei a entrevista, incluindo uma história profissional e geográfica da vida do paciente. Assim, cada entrevista começava de modo estruturado, mas à medida que seu foco se ampliava, ela se tornava não estruturada e eu deixava que o paciente a conduzisse para qualquer direção que escolhesse. Posteriormente, uma discussão sobre quaisquer áreas de vida importantes — infância, educação, *hobbies* — que não haviam sido abordadas antes, encerrava a entrevista. Como muitos pacientes de câncer se cansam com facilidade, a entrevista foi dividida em diversas sessões, e o paciente raramente era retido por mais de uma hora cada vez.

No decorrer de minha pesquisa, durante um período de mais de 14 anos, 250 pacientes foram entrevistados de 2 a 8 horas cada um. Além disso, mais de 200 pacientes de câncer fizeram entrevistas, ou uma série de entrevistas, centradas em qualquer problema de adaptação particular para os quais eles — ou seus médicos — pediam minha ajuda. Essa série "extracurricular" de entrevistas muitas vezes auxiliou minha própria compreensão. E, numa espécie de subproduto de meu trabalho, passei a ver muitos parentes de pacientes de câncer que, basicamente, pareciam desejar conversar com alguém a quem pudessem fazer perguntas para diminuir sua própria ansiedade. É trágico ver como muitas vezes o parente do enfermo é deixado virtualmente sozinho com seus problemas. O paciente tem um horror particular, todo seu, com o qual precisa conviver, embora os serviços médicos e de apoio do hospital ou da clínica, realmente proporcionem algum apoio. Entretanto, assistentes sociais preparados para ajudar os parentes são extremamente necessários na maioria das instituições ligadas ao tratamento de câncer.

Parentes próximos de mais de 50 pacientes foram entrevistados de uma a três horas; outros 40 foram entrevistados entre 20 e 50 horas. Com freqüência, após a morte de um paciente de câncer, os membros da família continuam a procurar auxílio psicológico durante um período considerável. A oportunidade de confirmar informalmente os relatórios do paciente e obter outra visão sobre os diversos aspectos de sua vida foi aproveitada sempre que possível. Na maior parte dos casos, os parentes pareciam muito aliviados por poderem ajudar nesse processo informal.

Nos primeiros dois anos de minha pesquisa, foram utilizados apenas os testes psicológicos e as entrevistas como métodos para reunir dados sobre o indivíduo. Mais tarde, quando senti que já adquirira *insight* suficiente sobre os problemas específicos de pacientes de câncer, assumi a tarefa mais complexa e sensível de submeter a uma psicoterapia individual intensiva muitos pacientes. Mais de 70 pessoas passaram por esse tratamento. Na maioria dos casos, esta última experiência me ajudou a desenvolver mais e, algumas vezes, a alterar minhas hipóteses com respeito à relação entre o câncer e a personalidade, desenvolvidas nos primeiros dois anos do estudo. Mas, antes de discutir o perfil das sessões de psicoterapia individual, gostaria de descrever em detalhes os padrões surgidos nos testes e entrevistas realizados nos dois primeiros anos.

À medida que os registros dos testes e entrevistas eram avaliados e comparados, determinados fatores pareciam estar presentes em cada um dos relatórios. As pistas encontravam-se realmente lá. *A pista mais significativa relacionava-se à perda da "raison d'être" do paciente* (literalmente, a *"razão de ser"*). Esta perda do sentido de propósito na vida ocorrera em algum ponto no passado, aparentemente antecipando os primeiros sintomas do câncer. O teste da História Pessoal de Worthington oferece pistas sobre a atitude psicológica da pessoa, em diferentes períodos de sua vida. A partir dos dados dos testes e entrevistas, parecia que na vida desses pacientes que haviam perdido o sentido de propósito, houvera um período em que sua participação na vida fora muito mais completa. Naquela época, haviam mantido um relacionamento — com uma pessoa ou um grupo — que tivera um profundo significado para eles. Todos os outros relacionamentos haviam sido comparativamente superficiais. Aquele único relacionamento central satisfazia a necessidade de manifestar sua criatividade, de relacionar-se com os outros, de ser membro de um grupo, de ser ouvido e obter reconhecimento. Suas necessidades criativas e sociais haviam sido manifestadas através do relacionamento central e, para eles, isso era muito importante. A exclusividade de um relacionamento tão intenso e sincero é expressa de maneira sublime nas palavras de Shakespeare, em *Otelo*:

...ali, onde depositei meu coração,
Onde devo viver ou não suportar nenhuma vida,
A fonte da qual vem minha seiva
Senão ela seca...

Para essas pessoas, a perda do relacionamento vital pode ser catastrófica. O significado e a importância da própria existência do indivíduo podem despedaçar-se. Para essas pessoas, nas palavras de Péricles, "A primavera abandonou o ano". Naturalmente, a perda do relacionamento crucial ocorreu em circunstâncias diferentes para diferentes pacientes. A morte do cônjuge, as crianças crescendo e tornando-se independentes, a perda de um emprego, a formatura na escola — esses fatos apareciam com alguma freqüência. Muitas vezes, havia indícios do esforço realizado para encontrar relacionamentos substitutos, mas eles falharam e o paciente continuou profundamente isolado, embora pudesse estar cercado pela família e pelos amigos. Do ponto de vista sociológico, a pessoa perdera o único papel que tinha um significado real para ela.

Na superfície, essas pessoas pareciam estar comportando-se psicologicamente de modo adequado, mas sob a superfície havia ausência de rumo ou objetivo; sentiam que, para elas, não havia nenhum ponto de referência estável no universo. Não existia uma sólida ligação emocional entre o eu e qualquer coisa fora dele.

O fato de a perda de um relacionamento básico, associada à incapacidade para estabelecer novos relacionamentos, ser uma constante nos relatórios dos pacientes de câncer que foram testados e entrevistados, era obviamente uma importante descoberta. Ela se relacionava diretamente à personalidade e ao modo de o paciente enxergar-se a si mesmo no mundo. Mas também originava perguntas. Por que aquele relacionamento significou tanto para o paciente? Por que era insubstituível? E as pessoas que sofreram perdas semelhantes e *não* adquiriram câncer? Quais os significados mais profundos daquele relacionamento para o paciente? Estas e muitas outras perguntas precisavam ser feitas, mas as respostas teriam de esperar.

Na pesquisa inicial outras pistas também se tornaram evidentes. *A segunda, era a incapacidade do indivíduo de demonstrar raiva ou ressentimento.* Com freqüência, esses pacientes pareciam reprimir e dissimular os sentimentos hostis. Eles tinham sentimentos agressivos, muitas vezes bastante fortes, mas eram incapazes de verbalizá-los. A agradável fachada de bondade era característica. Novamente, os motivos para este fator não estavam claros, mas a imobilização da agressão aparecia com muita freqüência para ser atribuída ao acaso.

Um terceiro dado que parecia diferenciar estatisticamente os pacientes de câncer daqueles do grupo de controle era a presença de sinais de tensão emocional relacionada à morte de um dos pais. Muitas vezes, tal morte acontecera há muito tempo, mas a tensão contínua (aparentemente por culpa ou ansiedade) revelava-se em muitos dos testes. Mais tarde, entretanto, esse fator provou ser uma pista falsa, possivelmente o resultado de um erro de amostragem. Dados posteriores, reunidos no decorrer do estudo, não confirmaram sua aparente importância.

Apesar disso, fora dada a largada. Para examinar melhor minha hipótese de que os fatores comuns encontrados entre os pacientes de câncer poderiam estar relacionados à incidência da doença, tentei prever a presença do câncer em outro grupo de indivíduos. Obtive 28 novos relatórios do teste da História Pessoal, realizado de um modo que não me permitia saber quais haviam sido preenchidos por pacientes com câncer e quais por pessoas que não tinham câncer. Nenhum deles continha pistas na área relacionada à "saúde", que pudessem revelar o diagnóstico. Eu sabia apenas que "alguns" haviam sido preenchidos por pacientes com doenças malignas. Todos foram obtidos pela recepcionista do ambulatório de uma clínica médica em Filadélfia.

Os formulários dos 28 testes incluíam 15 registros de pacientes de câncer e 13 do grupo de controle. Este último grupo era formado por 5 indivíduos sem nenhuma doença, 3 por pessoas com hipertireoidismo e por outras 5 pessoas, cada uma com um tipo de doença: arteriosclerose, alergia, psoríase, dermatite e obesidade. O relatório de pacientes de câncer incluía 4 cânceres de pele e 3 de mama e outras 8 pessoas, cada uma com um tipo diferente de câncer: de tireóide, reto, língua, estômago, cólon, útero, colo do útero e gânglios linfáticos. Baseando-me apenas nos três fatores psicológicos observados neste capítulo, tentei prever quais os pacientes que tinham câncer e quais não.

TABELA I

Pacientes Avaliados na Primeira Fase deste Estudo

LOCAL DA MALIGNIDADE	HOMENS	MULHERES	TOTAL
Seio	0	33	33
Cólon e reto	16	10	26
Área bucal	12	4	16
Pele	8	5	13
Pulmão	11	0	11
Estômago	6	2	8
Útero	0	8	8
Doença de Hodgkin	6	1	7
Colo do útero	0	6	6
Diversos	18	6	24
Número total de pacientes (N)	77	75	152

TABELA II

Fatores Psicológicos Encontrados

FATOR	PACIENTES DE CÂNCER N-152	CONTROLES N-125
Perda de um relacionamento crucial	109 (72%)	15 (12%)
Incapacidade para demonstrar hostilidade	71 (47%)	31 (25%)
Tensão pela morte de um dos pais	58 (38%)	13 (11%)

Minhas previsões estavam corretas em 24 dos 28 casos. Três pacientes sem câncer, um com arteriosclerose, um com alergia e um com hipertireoidismo foram prognosticados como tendo câncer. Um paciente com câncer de pele foi prognosticado como se não tivesse a doença. Estatisticamente, a probabilidade de que esse número de prognósticos corretos pudesse ocorrer por acaso é menor do que uma em mil.

Assim, sentia-me confiante de que o estudo estava sendo conduzido na direção certa. Nesta primeira fase, foram estudados os relatórios de 152 pacientes de câncer. Um grupo de controle formado de 125 indivíduos (equiparados por idade, sexo e classe social) sem nenhuma doença, também foi avaliado. Todos os relatórios eram de indivíduos da classe média ou classe média alta, julgados pela situação profissional. As Tabelas I e II mostram os tipos de malignidade desses pacientes e os fatores psicológicos encontrados. Nitidamente, a perda de um relacionamento crucial, que ocorreu na vida de 72% dos pacientes, foi a pista mais significativa para minha pesquisa sobre a possível ligação entre a história de vida do indivíduo e a vulnerabilidade ao câncer. Tanto este fator quanto o segundo mais predominante — a incapacidade de demonstrar hostilidade — iriam adquirir um outro significado na próxima fase de meu trabalho, que deveria incluir a psicoterapia individual intensiva. Como veremos no próximo capítulo, esta nova fase proporcionou uma nova perspectiva e uma compreensão muito mais profunda sobre o significado dos fatores já descobertos.

3

SURGE UM QUADRO MAIS COMPLETO

Os dados dos testes projetivos e os da série de entrevistas curtas, conduzidas durante a primeira fase de minha pesquisa, pareciam combinar. Havia surgido um padrão definido e bastante claro que nos possibilitou prognosticar com precisão a existência do câncer num indivíduo, baseados apenas nos testes de personalidade. Contudo, o padrão era simplesmente um esboço. Um artista pintando o retrato de determinado ser humano, pode começar fazendo um esboço da cabeça e dos ombros da pessoa. Embora essas linhas iniciais sejam reconhecíveis, somente depois de desenhar os traços particulares — o modo como os lábios curvam-se num sorriso, o ligeiro tremor de uma narina, a expressão dos olhos — começará a surgir uma imagem mais significativa daquela determinada pessoa. Assim, na fase seguinte de meu trabalho, através da investigação psicoterapêutica profunda com determinados indivíduos, eu ansiava e supunha poder obter maior riqueza e significado para minhas descobertas originais.

Os fatores já encontrados pareciam razoáveis para uma abordagem estatística, mas as estatísticas são apenas pregos nos quais penduramos um quadro mais completo e perfeito. A rica tapeçaria que configura cada ser humano, multicolorida e maravilhosamente trançada, pode facilmente se perder numa tabela de números. Se eu quisesse manter a validade dos fatos já encontrados, eles deveriam fazer sentido no contexto mais explícito da história particular de vida dos indivíduos, sobre os quais eu sabia mais do que pode ser deduzido através de um teste ou de uma entrevista de poucas horas.

Atualmente, a psicoterapia é um termo que abrange grande variedade de técnicas, que vão das práticas rogerianas não-dirigidas, passando pela psicanálise formal até chegar às metodologias rigorosamente dirigidas. Era difícil saber qual das abordagens seria a melhor, tanto em função do paciente quanto de minha própria pesquisa. Obviamente, alguns métodos foram automaticamente excluídos porque eu não recebera treinamento formal neles — como as disciplinas junguiana e adleriana. Uma abordagem psicanalítica ortodoxa parecia discutível. Embora admiravelmente adequada para a compreensão e solução de alguns problemas neuróticos, não parecia apropriada para lidar com as realidades que devem ser encaradas por um paciente de câncer. O método escolhido devia assumir plena responsabilidade pelos indivíduos e a psicoterapia deveria ser autêntica, sem visar apenas a dados de pesquisa. Durante mais de doze anos, planejei tal método e trabalhei com ele outros dez anos. Ele é descrito mais adiante, mas, a esta altura, nosso interesse imediato é relatar as outras pistas descobertas com referência à ligação entre as emoções e o câncer.

Durante vinte e dois anos, 70 pacientes terminais submeteram-se à psicoterapia intensiva comigo. Todos, a não ser um, conheciam seu diagnóstico e o prognóstico para seu tipo de doença, antes de iniciar a terapia. Oitenta e oito pacientes sem moléstias malignas foram tratados com a mesma técnica terapêutica. Esses pacientes, do tipo geralmente encontrado nos consultórios de psicoterapia, constituíram um grupo de controle, permitindo que eu avaliasse se os fatores que pareciam particularmente significativos nas vítimas do câncer eram realmente mais predominantes entre pessoas que contraíram a doença.

A seleção dos pacientes que iriam fazer terapia foi um tanto casual — como poderíamos saber antecipadamente quais os tipos de pacientes de câncer que deveriam fazer psicoterapia? Geralmente, eram escolhidos pela série de entrevistas curtas. Aqueles que nas entrevistas pareciam indicados para terapia e que demonstraram interesse em continuar foram informados desta possibilidade. Em todos os casos, menos um, eles aceitaram. Quinze pacientes tinham ouvido falar do programa de terapia em conversas no hospital ou através de amigos, e pediram pessoalmente para ser incluídos. Dois pacientes eram velhos amigos meus. (Quando soube que um deles tinha um tumor maligno que não podia ser tratado pela medicina, fui até sua cidade natal e ofereci-lhe a oportunidade.) Cinco pacientes

37

me procuraram após ter lido sobre a terapia em revistas científicas. Um deles me foi encaminhado por uma clínica local de higiene mental. E cinco pacientes haviam sido originalmente encaminhados para realizar terapia de apoio, que posteriormente se transformou em psicoterapia intensiva.

Sem dúvida, podem ser levantadas objeções afirmando que a seleção daqueles pacientes não foi suficientemente casual para uma pesquisa desse tipo. Como um grupo, a idade média dos pacientes era menor do que a solicitada por uma seleção estatisticamente aleatória. Foi dada grande ênfase à doença de Hodgkin (12 pacientes); e todos se encontravam no quartil mais elevado da curva de inteligência. Mas em um grupo pequeno — como esse precisava ser, pois existem limitações para o número de pacientes que um terapeuta pode ver — a casualidade deve ser cuidadosamente planejada. E quais, dentre as milhares de variáveis potencialmente decisivas, iríamos escolher para nosso objetivo específico? Como os resultados de minha própria pesquisa foram amplamente confirmados por estudos posteriores (veja o capítulo 5), as objeções relacionadas à composição do grupo com o qual trabalhei pareciam discutíveis.

Como observamos no primeiro capítulo, foi difícil encontrar uma aceitação que possibilitasse a realização deste programa de pesquisa. Quinze importantes hospitais me recusaram, afirmando não ter espaço disponível ou, com mais freqüência, porque o hospital não estava interessado em ter seu nome associado a pesquisas nesta área. Geralmente, afirmavam que *investigar* esse campo era abordagem de charlatão! As razões por trás daquela espalhafatosa reação preconceituosa jamais ficaram claras para mim. E embora essa reação fosse comum entre o pessoal treinado em medicina, nunca — que eu saiba — foi demonstrada por um paciente de câncer. Felizmente, essa atitude mudou e muitos programas de pesquisa semelhantes foram iniciados recentemente em diversos importantes hospitais e centros clínicos. Quanto ao meu trabalho, fiz um acordo excelente e estimulante com o Instituto de Biologia Aplicada, em Nova York, e foi lá que, aos poucos, surgiu o quadro completo da personalidade do paciente de câncer.

As primeiras pistas fornecidas pela psicoterapia relacionavam-se a dois novos fatores e à modificação de um fator anteriormente observado. Como esses novos fatores foram sugeridos pela psicoterapia, os protocolos dos testes e da série de entrevistas foram reavaliados.

Um novo fator era a presença de um marcante autodesprezo e falta de autoconfiança observados naqueles pacientes de câncer. Eles não respeitavam suas próprias realizações; não gostavam de si mesmos ou das características que percebiam em si próprios. Na maioria dos casos, haviam basicamente aceito (e com freqüência, exagerado) as autopercepções como "estúpido", "preguiçoso", "medíocre", "destrutivo", etc. Os outros reagiam a eles de modo muito mais positivo do que eles próprios, mas isso, naturalmente, não eliminava a amargura de suas crenças a respeito deles mesmos.

Naturalmente, esse fator poderia também ser aplicado a muitos neuróticos. Karen Horney descreveu detalhadamente esse tipo de sentimento. No entanto, sua força e freqüência eram muito evidentes entre os pacientes de câncer. Uma jovem mulher, por exemplo, comparou-se à "Filha de Rappaccini", na história de Hawthorne. "Preciso ser amada e posso corresponder ao amor" disse, "mas eu os enveneno (qualquer pessoa que ela ame) porque eles não possuem a minha imunidade contra meu próprio veneno." Afirmações deste tipo entre os pacientes de câncer pareciam ir além da habitual autorejeição do neurótico. Na verdade, como veremos, elas estão associadas a outras características típicas da personalidade do paciente de câncer.

A psicoterapia também nos levou à modificação de um fator anteriormente observado — a incapacidade de demonstrar hostilidade. Tornou-se claro que aqueles pacientes habitualmente tinham bloqueada sua capacidade para demonstrar hostilidade em sua autodefesa, mas que podiam defender com força e de forma agressiva os direitos dos outros ou seus ideais. Assim, não era uma incapacidade geral de tornar-se hostil, mas uma incapacidade de tornar-se hostil a fim de preservar suas próprias necessidades, desejos e sentimentos. Eles pareciam achar que seus desejos não mereciam ser defendidos.

Karen Horney apresentou uma semelhança básica no neurótico: "Estou separado dos outros como se eu fosse um cometa cruzando o espaço. Portanto, os desejos e necessidades dos outros não são válidos." Mas, embora o paciente de câncer sinta um isolamento semelhante, sua conclusão é totalmente diferente: "Portanto *meus* desejos não são válidos." Amiúde, tenho descoberto que os desejos e vontades dos pacientes de câncer haviam sido tão completamente reprimidos, e sua auto-alienação era tão total que, ao ser questionado, no início da terapia — "O que *você* realmente deseja da vida?" — a resposta era um olhar vazio e espantado. Aquela pergunta nunca fora considerada relevante.

Tanto a auto-alienação quanto a incapacidade para ser agressivo em defesa própria eram fatores bastante relacionados a um sentimento com relação à vida, ainda mais importante — na verdade, fundamental — e que caracterizava os pacientes de câncer. Chamo de "desespero" esse elemento básico na vida emocional do paciente de câncer. Ele foi observado em 68 dos 71 pacientes estudados na terapia — embora fosse encontrado em apenas três dos 88 indivíduos do grupo de controle. Devemos deixar claro desde o início que esse desespero não era resultado do fato de ter contraído câncer. Era um aspecto fundamental da constituição emocional dos pacientes, um sentimento com o qual viveram a vida toda. Muitos pacientes manifestaram abertamente a idéia de que durante anos sentiram que não existia uma maneira para sair da caixa emocional na qual se encontravam, a não ser através da própria morte.

Como pudemos observar na vida emocional dos pacientes de câncer, o "desespero" parecia ser um *Weltanschauung*, ou "concepção de mundo, cosmovisão", com três componentes secundários. A principal tendência parecia ser uma triste desesperança com respeito a jamais obter qualquer significado, prazer ou mérito na vida. Essa é uma perspectiva muito mais árida e sem esperança do que a demonstrada pelo paciente deprimido. A alienação sentida pelo paciente deprimido, suicida ou autodestrutivo "normal", muitas vezes permite um contato constante com os outros, apesar de ser formada de elementos conscientemente hostis e não amorosos. Por outro lado, o desespero do paciente de câncer provoca uma sensação de isolamento que não somente impede que o amor preencha o vazio, mas também exclui a possibilidade de um relacionamento pleno e satisfatório com os outros, mesmo através da raiva, ressentimento ou ciúmes.

O paciente desesperado está absolutamente sozinho. No nível emocional mais profundo ele não pode relacionar-se, pois não acredita ser digno do amor. Ele não se desespera por causa de "alguma coisa", ele se desespera por causa de "coisa nenhuma". Após uma paciente ter manifestado sentimentos negativos com relação a si própria, perguntei: "O que você acha que a deixa tão zangada consigo mesma — que a faz sentir-se tão culpada? Você acha que fez alguma coisa para merecer isso?" E ela respondeu: "Não, eu não fiz nada. O senhor não entende, doutor. Não é que eu tenha sido ou feito alguma coisa. É que eu não fiz *coisa alguma* e não fui *coisa alguma*".

Foram afirmações como essa que me fizeram começar a compreender que a principal tarefa da psicoterapia, no que diz respeito ao paciente de câncer, deve ser a de encontrar e exaltar a individualidade total do paciente. Como isso pode ser feito — e pode — é um assunto ao qual sempre retornaremos nesse livro.

À medida que as sessões de terapia intensiva continuavam, consegui isolar, com a ajuda de alguns conceitos de Edgar N. Jackson, três componentes secundários do desespero do paciente de câncer. Primeiro, existe a crença de que os "objetos" exteriores não podem trazer satisfação. Para o paciente, qualquer significado obtido através dos relacionamentos só pode ser — na melhor das hipóteses — temporário, e inevitavelmente provocará desapontamentos e sofrimento. Segundo, há falta de fé no crescimento. Ele não acredita que o tempo, ou seu próprio desenvolvimento, possam mudar sua condição básica de vida. Os indivíduos que não estão desesperados sempre consideram a possibilidade de o crescimento ou a mudança afetarem de forma positiva uma situação dolorosa. A pessoa desesperada simplesmente não enxerga isso como uma possibilidade. Terceiro, há uma descrença de que qualquer ação do paciente possa atenuar sua solidão. Ser o que ele é, é ser rejeitado. Nenhum esforço pode modificar esse quadro. Geralmente, o paciente já se esforçou muito — com freqüência, muita energia despendida na tentativa de alcançar os outros. Mas, do ponto de vista do paciente, esses esforços falharam e pareciam fadados a falhar eternamente.

É difícil citar exemplos claros de desespero, nas palavras específicas de determinados pacientes. O sentimento surge lentamente, em muitas ocasiões, e de modo diverso. Mas alguns exemplos podem dar uma idéia do sentimento global.

"É como se durante toda a vida eu estivesse escalando uma montanha muito íngreme. É muito difícil. De vez em quando, surgem saliências e eu posso descansar nelas e até mesmo sentir prazer por algum tempo. Mas preciso continuar subindo, e a montanha em que me encontro não tem cume."

"Descobri que odeio trabalhar para o sindicato. Era muito tarde para voltar para a música, embora tivesse tentado. Eu sabia que precisaria ficar para sempre nos negócios. Não existia nenhuma saída, não importava o que eu fizesse."

"Quanto mais tento derrubá-la, mais alta e espessa torna-se a parede de espinhos que construí ao meu redor. Não consigo me aproximar das outras pessoas. Sinto-me como Dornrosen [a princesa do conto de fadas que dormia dentro de um círculo de espinhos, até que um príncipe o atravessou e a despertou], com a diferença de que a floresta cresceu tanto que ninguém irá me encontrar. A trilha está tão coberta de vegetação, que jamais poderá ser utilizada novamente."

"Independentemente daquilo que eu fazia, nunca dava certo. Perdi minha habilidade (para escrever) e Tom também e, quanto mais tentávamos, pior ficava. Desisti de tudo por ele e — vejo agora — isso nos destruiu. Nossa sociedade era mutuamente sufocante. Não parecia haver nenhuma solução. Muitas vezes pensei que só escaparia através da morte."

"Você sabe como é uma casa sem isolamento térmico e com rachaduras nas paredes. Quanto mais calor você coloca nela, mais o calor se dispersa. Você nunca consegue se aquecer. Eu sempre soube que isso acontecia em minha vida. Eu tinha de continuar produzindo calor e nunca havia retorno. Se eu quisesse me aquecer interiormente, teria de fazê-lo sozinho, e não importa o que fizesse, não conseguiria."

Uma casa sem isolamento térmico.

Uma montanha sem cume.

Uma trilha tão coberta de vegetação, que jamais poderá ser utilizada novamente.

Nenhuma solução.

A única saída é a morte.

Ao ouvir essa ladainha de desespero, determinadas perguntas voltavam com insistência à minha mente.

De que modo essas vítimas do câncer poderiam ser auxiliadas para recuperarem a percepção de seu próprio valor, das possibilidades de crescimento e mudança em si mesmas e em seus relacionamentos?

Se tal renovação fosse atingida, seria possível que algumas delas — poucas ou muitas — pudessem continuar vivendo mais do que o curto período que lhes fora predito por determinação da medicina?

E o que dizer dos milhares de indivíduos que ainda não haviam contraído câncer, mas cujas vidas eram obscurecidas pela mesma desesperança? Poderiam ser ajudados? E em caso afirmativo, seria possível adiar ou evitar o surgimento do câncer?

Os pacientes que eu tratava eram, por minha própria escolha, pessoas que não tinham chance de sobreviver. Mas, e aqueles que desenvolveram câncer e sobreviveram? Quais os recursos que adquiriram para ajudar na luta por suas vidas e que estavam ausentes em meus pacientes?

As respostas para essas perguntas começaram a surgir aos poucos. Algumas delas eram parciais; nenhuma era absoluta. Entretanto, enquanto meu trabalho prosseguia, passei a acreditar com uma certeza cada vez maior que minha hipótese original fora correta: *havia* uma ligação entre a personalidade e o câncer. E à medida que essa ligação começou a ser totalmente compreendida, por mim e por outros que viriam a seguir, maior a possibilidade de diminuir o risco do câncer para inúmeros seres humanos. Pois qualquer que fosse o nível de desespero de um paciente, eu sabia que a mudança era possível, que um homem ou uma mulher poderia começar a enxergar sua vida sob uma nova luz, mais racional e promissora. Nem todos poderiam ser ajudados. Mas alguns, sim. E o exemplo daqueles que adquiriram uma nova visão possibilitaria convencer os demais de que a esperança nunca morre.

A investigação psicoterapêutica revelou que, na maior parte dos pacientes, a tendência ao desespero permanecer não verbalizada até ser esclarecida pela terapia; mostrou também que seu desespero existira antes dos primeiros sinais de um tumor. Apesar de seus sentimentos com relação à vida, essas pessoas haviam atuado no seu dia-a-dia, continuando seu trabalho rotineiro, embora jamais tivessem acreditado que a existência pudesse lhes proporcionar qualquer satisfação. Somente o Noivo Sombrio, a própria morte, poderia oferecer um descanso final para a necessidade contínua de realizar o impossível. Cada um deles seguira o exemplo do lendário Sísifo — empurrando constantemente a rocha para o alto da colina, sabendo que não poderiam alcançar o topo, mas sendo obrigados a continuar tentando.

A maior parte de meus pacientes reprimira as emoções relacionadas ao desespero. Aceitavam suas vidas com uma estóica ausência de rancor ou ressentimento. O poema de Elizabeth Barrett Browning, *"Grief"*, expressa com clareza a qualidade dessas vidas:

Eu lhes digo que o pesar sem esperança é desapaixonado;
Que somente os homens que não crêem no desespero, que conhecem apenas um pouco da angústia, forçam seu caminho através do ar da meia-noite até o trono de Deus,
Num avanço insistente de gritos e acusações. A aridez total,
Nas almas e nos países, repousa silenciosa e desnuda
Sob o penetrante olhar, pálido e vertical, do Céu abrangente.

O fato de o paciente sentir que não poderia haver esperança de solucionar seu problema através de suas ações, parecia um elemento extremamente importante. Em sua profunda e sábia investigação sobre esse problema psicológico, o filósofo Kierkegaard mostra que para nos livrarmos do desespero, precisamos nos livrar de nosso eu — do eu que nos desespera. Mas livrar-se do eu também é motivo de desespero, pois significa deixarmos de ser nós mesmos. Esse é um conceito repetidamente sugerido pelos pacientes de câncer. Eles sentem que podem ser eles mesmos — e, portanto, não amados e solitários — ou, que podem desistir de si mesmos transformando-se em outra pessoa e, assim, ser amados. Para eles, esses eram os únicos caminhos possíveis.

Uma paciente, ao expressar esse sentimento, considerava-o um conflito entre sua "individualidade" e sua "popularidade". Essa jovem, Alma, disse: "É como se eu precisasse de comida e bebida para viver e só pudesse ter uma delas." Desistir de sua individualidade, sua maneira única de ver e de se relacionar com o mundo, significava a perda de si mesma; conservá-la representava ficar sozinha.

O neurótico considera as mudanças em si mesmo de maneira muito diferente daquela do paciente desesperado. O neurótico talvez não queira mudar e pode opor forte resistência a isso, mas jamais lhe ocorre que ao *efetuar* a mudança poderá se transformar em outra pessoa que não ele mesmo. Por outro lado, o paciente desesperado acredita que se mudar, inevitavelmente deixará de ser um indivíduo. Em sua opinião, mudar é destruir-se a si próprio. Neste sentido, seu desespero lhe parece justificado. Ele se vê preso na armadilha de precisar viver no atual isolamento insuportável ou deixar de viver. Novamente, devemos salientar que essa visão de mundo é *anterior* ao desenvolvimento do câncer.

Alma, a jovem mencionada acima, era uma brilhante profissional, altamente treinada em seu campo. Contudo, no início da terapia, demonstrou grande ansiedade por se julgar "medíocre", uma pessoa comum, sem nenhuma característica especial. Essa ansiedade parecia um exemplo do autodesprezo observado anteriormente e que faz parte da constituição do paciente de câncer. Todavia, parecia haver outras coisas. Uma investigação posterior revelou que ela sabia que era uma criatura incomum, e que na verdade tinha medo de ceder à sua necessidade de deliberadamente *tornar-se* medíocre, de desistir de suas diferenças especiais para tentar obter amor e aceitação. Apesar do medo de que pudesse fazê-lo, Alma jamais conseguiu aceitar o pacto de Fausto; ela manteve sua individualidade e, com ela, sua solidão.

Um outro paciente, Stephen, contou-me na primeira sessão, que sempre fora uma pessoa independente, que "*jamais precisou de um travesseiro*" em sua vida. Em sua opinião, as qualidades de força, competência, domínio e independência eram seus componentes fundamentais, a estrutura de sua individualidade. Contudo, à medida que a terapia progredia, descobrimos que ele sentia que não poderia ser amado como era. Sentia que só conseguia inspirar medo e respeito e que, para granjear o amor de que tão desesperadamente necessitava, precisava tornar-se passivo, dependente e fraco. Ele, como Alma, não poderia fazer esse pacto e, no entanto, sentia que se não o fizesse, não conseguiria obter aquilo de que precisava. Não podia expressar nem rejeitar suas necessidades passivas e dependentes. Embora não concebesse a idéia de aceitar a parte dependente de si mesmo, permitindo que se manifestasse com naturalidade, percebia, de maneira confusa, que enquanto não conseguisse ser assim, não seria um homem inteiro e que, na verdade, estaria rejeitando uma parte essencial de si próprio. Desperdiçando cada vez mais energia, numa tentativa frenética de obter amor através do domínio e do controle — uma tentativa que ele sabia iria falhar embora se visse compelido a continuar — desejava profundamente morrer para colocar um ponto final em sua luta.

Emily sentia os mesmos conflitos de Alma e Stephen, mas foi ainda mais longe no intuito de privar-se de sua "individualidade". Desde a infância, sentia um forte impulso de escrever poesia. A visão de si mesma e sua reação ao mundo fundamentavam-se nesse ponto de referência. Seu trabalho era de excelente qualidade, mas ela era incapaz de mostrá-lo a alguém, com exceção do marido. Jamais procurara uma editora, pois achava que sua obra revelaria como ela era diferente das outras pessoas, o que a tornaria rejeitada pelos demais. Somente após alguns meses de terapia ela — com muita ansiedade — me mostrou alguns de seus versos. Confidencialmente, obtive o parecer de um profissional que confirmou minha própria opinião de que seu trabalho era de primeira categoria.

Emily casara-se com um escritor e durante um breve período o relacionamento fora positivo e intenso. O marido, Tom, estava começando sua carreira e sentia-se confiante em seu futuro desenvolvimento. Quando ficou claro que o talento dela era muito maior do que qualquer coisa que Tom poderia esperar de seu próprio potencial, o trabalho de Emily tornou-se uma verdadeira ameaça a Tom, fazendo com que ele se afastasse emocionalmente do relacionamento. Ela percebeu que sua ansiedade inicial de ser poetisa ou ser amada, estava agora sendo justificada pela realidade. (Enquanto o neurótico consideraria a escolha entre ser poetisa ou dona-de-casa, Emily a considerava como uma questão de ser poetisa ou não ser coisa alguma.) Ela tentou desistir da poesia, desistir de tudo, por Tom. Entretanto, o relacionamento não melhorou, e ela encontrou-se incapaz de escrever ou ser amada e sem nenhuma esperança de obter qualquer satisfação verdadeira em sua vida. Posteriormente, seu tumor maligno foi descoberto.

Praticamente em quase todos os meus pacientes encontrei alguma manifestação desse dilema. Todos sentiam, com diferentes intensidades, que para conseguir o que necessitavam, algo que trouxesse significado às suas vidas, precisavam desistir de si mesmos e se transformar em outra pessoa. Mesmo cogitar dessa solução, ocasionava o desespero. Isso era impossível de ser realizado, por qualquer período de tempo. Desistir de si mesmos, tentando ser outra pessoa, na realidade não lhes traria o amor que procuravam desesperadamente. A maioria tentou e conseguiu, durante algum tempo, negar aquilo que percebiam ser seus *verdadeiros* eus. Porém, mais cedo ou mais tarde, as tentativas fracassavam. Embora realmente se envolvessem nessa tentativa, seu desespero, naturalmente, aumentava. Basicamente, não podiam aceitar a idéia de obter amor à custa de seus eus. Como Joana D'Arc em *The Lark*, de Jean Anouilh, eles também diziam: "Não condenarei aquilo que eu sou; não negarei aquilo que eu fui."

Para alguns, o dilema desses indivíduos pode parecer obstinado, até mesmo incompreensível. Como pode alguém pensar assim? Como pode alguém colocar a si mesmo nesse beco sem saída? Todavia, essa visão do eu é compartilhada por inúmeros seres humanos. É um assunto que já foi abordado na literatura, através dos séculos. O dramaturgo grego Ésquilo, cujos trabalhos se encontram entre as manifestações mais antigas da condição humana, expressa em profundidade esse dilema. A grande trilogia de Ésquilo, *Oréstia*, apresenta o tema da forma mais clara possível. Deveria Orestes obedecer a Apolo (razão, lógica, costumes, lei) e, assim, ser perseguido pelas Fúrias (o espírito da terra, a parte instintiva do ser humano, o eu interior, a alma)? Ou deveria obedecer às ordens das Fúrias e, assim, desobedecer e repudiar Apolo? Ésquilo vê que existe uma possível integração desses dois aspectos, sintetizados pela intervenção da deusa Atena na parte final da trilogia, *Eumênides*. Mas essa integração, essa síntese, simplesmente não ocorre nos pacientes de câncer que estudei. Eles não a consideram concebível.

O dilema também é representado no romance *O Lobo da Estepe*, de Hermann Hesse, que aborda o desespero existencial. Harry Haller, o protagonista, vê a si mesmo como duas personalidades separadas dentro de um único corpo: o homem civilizado e o lobo das estepes. Ele acredita que o suicídio é a única saída; somente a morte lhe proporcionará alívio para a terrível luta que se trava entre esses seus dois aspectos. É uma luta sem esperanças, pois ele percebe que a vitória de um significa a destruição do outro, conseqüentemente dividindo a totalidade, o eu total de Haller. Entretanto, em sua concepção, os dois não podem coexistir, embora algumas vezes possa haver uma trégua temporária. A abordagem do problema nesse romance, bem como a solução apresentada por Hesse, podem ser muito valiosas para mostrar ao paciente desesperado a natureza de sua condição. Na realidade, a solução de Hesse resume de forma bastante clara muito daquilo que deve ocorrer em uma psicoterapia bemsucedida com esses indivíduos — um assunto ao qual retornaremos mais tarde.

Alma, Stephen, Emily — na verdade, todos os meus pacientes — relacionavam seu desespero apenas superficialmente ao câncer. Sua doença fatal era considerada apenas "mais um exemplo" da ausência de esperança em suas vidas. Eles afirmavam ter sentido o desespero muito antes do surgimento da doença. O fato de terem ficado gravemente enfermos simplesmente confirmava aquilo que já sabiam — que sua situação jamais oferecera qualquer esperança. O problema de suas existências insuportáveis na realidade estava sendo solucionado através do câncer — finalmente, e de modo irrevogável, estavam livrando-se de si mesmos. Esse era o desfecho que, em sentido figurativo, sempre temeram, embora o considerassem inevitável. O desespero deles não parecia ser um sintoma de resistência psicoterapêutica. Ao contrário, parecia ser a descoberta de alguma coisa que já se encontrava lá, revelando o que estivera oculto. Mas, em face dessa inclinação, tornou-se necessário perguntar por que os pacientes continuavam sua rotina de vida. E, além disso, como poderiam relacionar-se com o terapeuta?

Tentarei dar algumas respostas a essas perguntas. Os pacientes pareciam dispostos a "continuar", apesar da crença de que não conseguiriam nada realmente significativo, exatamente por serem capazes de enxergar apenas dois caminhos possíveis. A escolha consistia ou em ser "eles mesmos" ou ser "outra pessoa". Essa visão de "ou... ou" do paciente de câncer parece forçá-lo a continuar suas atividades habituais, desde que sejam fisicamente possíveis. Nesta área, existe uma nítida diferença entre desespero e depressão. O paciente deprimido *não* continua com suas atividades habituais — quanto mais profunda a depressão, maior a tendência a desistir delas. Mas o paciente desesperado não mostra tendências para moderar as atividades; ele mantém seu ritmo normal. Independentemente da intensidade do desespero, as atividades rotineiras do dia-a-dia são mantidas.

Poderíamos esperar que, ao serem confrontados com uma sentença de morte, esses pacientes iriam tentar vivenciar novas experiências ou realizar velhos sonhos. Mas, na realidade, essa reação é um fato espantosamente raro. O suicídio também é raro, a não ser que a dor seja insustentável. Embora muitos desses pacientes falem sobre a morte como a única saída, parecem dispostos a deixar que o câncer siga seu curso. A possibilidade do suicídio existira no passado, mas fora posta de lado ou reprimida. Menninger mencionou três elementos que se destacam no paciente suicida: o desejo de morrer; o desejo de matar; o desejo de ser morto. Na pessoa desesperada, somente o desejo de morrer parece estar presente. Também está ausente a agressividade contra os outros que, com freqüência, é um componente do comportamento do suicida. Assim, o paciente de câncer, certo de que o fim virá, como sempre soube que viria, simplesmente continua vivendo sua vida da mesma maneira que sempre o fez.

Contudo, após saberem da presença de sua malignidade, ocorre uma importante mudança nos pacientes de câncer: a psicoterapia geralmente é aceita por eles, embora, na maioria dos casos, anteriormente fosse rejeitada. Podemos concluir assim que o processo da doença realiza para eles a escolha entre existir ou não existir, há a liberação de alguma energia psíquica inicialmente reprimida por esse conflito.

Somente após a escolha ter sido efetivada, tornam-se capazes de perceber vagamente a possibilidade do caminho intermediário oferecido pelo terapeuta. No serviço social, sabe-se que a melhor hora para iniciar a terapia com delinqüentes juvenis geralmente é na ocasião da primeira internação em uma instituição ou centro de tratamento. O reconhecimento de que se encontram na última saída do único caminho, parece libertá-los pela primeira vez, fazendo-os considerar que talvez existam outros caminhos. Um processo semelhante parece ocorrer nos pacientes de câncer.

Os notáveis resultados que podem ser alcançados com alguns pacientes — incluindo em diversos casos uma espantosa remissão do câncer, embora o paciente tenha sido considerado terminal — serão discutidos em capítulos posteriores. E, no próximo capítulo, baseado naquilo que aprendi com os protocolos dos testes, com as entrevistas e com as sessões de psicoterapia intensiva, apresentarei uma história de vida generalizada do típico paciente de câncer, juntando os diversos assuntos abordados até agora.

4

A HISTÓRIA DA VIDA EMOCIONAL DE PACIENTES DE CÂNCER

Uma de minhas pacientes, Catherine, era uma mulher de 32 anos de idade, que sofria da doença de Hodgkin, um tipo de câncer que afeta os gânglios linfáticos. Ela não fora uma criança feliz e sentira-se rejeitada e mal amada. Sua mãe, mulher com tendências intelectuais, dominava o submisso pai de Catherine. Havia uma irmã, dois anos mais nova, que era "a beldade" da família. As tentativas de Catherine para obter o amor da mãe pareciam provocar apenas raiva, pois interferiam na vida social e nos interesses políticos da mãe. O pai, que tivera uma formação muito puritana, considerava repugnante qualquer contato físico com a filha. E Catherine sentia-se incapaz de competir com a irmã em beleza. Seu único interesse era a música. Gostava muito das aulas de piano, e exibia um raro talento. Afastando-se do turbilhão da intensa vida social de sua família, preferia ir para seu quarto praticar ao piano ou ler biografias de grandes músicos.

O padrão emocional da infância de Catherine era típico de meus pacientes de câncer. Em quase todos os casos, a capacidade para relacionar-se no início da vida fora prejudicada, geralmente durante os primeiros sete anos de vida. Com as experiências desse período, essas crianças, que muitos anos depois iriam tornar-se vítimas do câncer, aprenderam que os relacionamentos emocionais provocam sofrimento e abandono, e só podiam ser profundamente vivenciados à custa de muita dor e rejeição. A solidão tornou-se a sua sina. No jeito habitual das crianças, atribuíam sua solidão a algum defeito em si mesmas, e não às forças casuais ou às ações dos outros. A culpa e a autocondenação eram a resposta inevitável. Em alguns casos, o sentimento de rejeição era intensificado por um acontecimento específico. Richard, por exemplo, que desenvolveu a doença de Hodgkin aos 24 anos, fora bastante afetado pela morte do pai. Na ocasião, tinha apenas cinco anos, embora tivesse se sentido, de modo indefinido, responsável pela morte do pai e pelas dificuldades econômicas que posteriormente afligiram sua família. O fato de sua mãe estar grávida na época em que perdeu o marido, aumentou sua sensação de estar terrivelmente sozinho.

A circunstância traumática ou a crise que afetou essas crianças, geralmente não possuía o tipo de intensidade que provavelmente provocaria nítidos sintomas neuróticos. Aparentemente, a criança conseguiria ajustar-se adequadamente ao seu ambiente. Entretanto, a crença de que os relacionamentos sociais eram perigosos e que havia alguma coisa errada com ela, persistiu e influenciou toda a sua vida. Pouca energia era investida nos relacionamentos. A criança geralmente era do tipo "solitário", com poucos amigos. Os relacionamentos que desenvolvia eram, na maioria das vezes, superficiais. E, independentemente daquilo que essas crianças conseguiam — boas notas, desenvolvimento de uma aptidão artística — predominavam seus sentimentos básicos de fracasso.

Contudo, em determinado momento de seu desenvolvimento — geralmente no final da adolescência ou início da vida adulta — surgia uma oportunidade para se relacionarem com os outros. Elas percebiam uma oportunidade para colocar um fim na profunda solidão que sentiam. Richard, por exemplo, quando criança, dedicou profundo interesse à ciência. No curso secundário, filiou-se a diversos clubes científicos, que lhe deram a oportunidade de se relacionar com os demais, em função da única verdadeira paixão de sua vida. No final do curso, tornou-se membro de um grupo de estudantes que trabalhavam juntos em diversas experiências científicas. Richard encontrava-se com esses amigos todas as tardes em reuniões no clube, e passava as noites em seus laboratórios de porão. Ele jamais ficava cansado e parecia ter tempo para fazer os deveres escolares, para seus *hobbies* e para os empregos de final de semana que mantinha durante a maior parte desse período. Sentia-se verdadeiramente "vivo", completamente envolvido naquilo que estava fazendo e cheio de esperanças para o futuro, planejando tornar-se engenheiro.

Por outro lado, Catherine não foi receptiva a esse tipo de compromisso ou aos relacionamentos que ele envolvia, até ficar um pouco mais velha. O primeiro ano que passou na faculdade foi solitário e infeliz. Ela ia mal nos estudos, não tinha amigos, com exceção da professora de música, e quando os exames finais se aproximavam, tornava-se tensa e aterrorizada. Na tarde anterior ao primeiro exame, escorregou na calçada e fraturou o ombro. Em vez de voltar à faculdade, convenceu a família (com a ajuda da psicoterapeuta de sua mãe) a deixá-la estudar piano em outra cidade. Foi lá que começou a envolver-se com a vida de um modo diferente.

Alugou um apartamento com outras duas moças que estudavam arte e música, e as três tornaram-se amigas íntimas. Dedicavam-se muito aos estudos e aos exercícios práticos e passavam muitas horas conversando e conhecendo a cidade. "Era como se a cada dia novas portas se abrissem para mim", disse, ao descrever essa época. "Foi um ano *maravilhoso*. Até hoje sinto nostalgia ao falar sobre isso." Pela primeira vez, Catherine começou a marcar encontros, a princípio com homens apresentados pelas amigas. Ela adorava seu trabalho. "Eu sabia que podia ser uma grande pianista. Geralmente, praticava de oito a dez horas por dia, íamos a concertos ou passear pela cidade e terminávamos num restaurante ou comendo em nossos quartos. Conversávamos a noite inteira e no dia seguinte, estava pronta para começar tudo outra vez."

Tanto Richard quanto Catherine dedicaram muita energia física e psíquica a essa época feliz de suas vidas. Era como se toda a necessidade de afeto e relacionamento intenso, reprimida durante anos, estivesse sendo liberada ao mesmo tempo. Esse intenso envolvimento emocional era típico em meus pacientes de câncer durante o período de suas vidas em que foram capazes — durante algum tempo — de desenvolver relacionamentos que deram significado às suas vidas. A sensação de isolamento e de "estar perdido" foi bastante atenuada por esse recém-descoberto envolvimento. O relacionamento ou relacionamentos aos quais se dedicaram naquela época, tornaram-se o foco central de suas vidas — a *raison d'être*. Outros relacionamentos e canais de expressão e criatividade geralmente foram mantidos, mas continuavam sendo um tanto superficiais e exteriores à verdadeira essência de seus eus. De certo modo, ao encontrarem finalmente uma saída para suas emoções, eles tendiam a colocar todos os ovos em uma única cesta. Todo significado, toda criatividade, toda felicidade era considerada parte daquela determinada situação ou relacionamento.

Quando a situação mudou, ou os relacionamentos enfraqueceram, foi ainda mais devastador para essas pessoas porque elas haviam se atirado intensamente nessa única possibilidade de ser felizes. Ser privado desses relacionamentos era ser privado de *tudo*, era retornar à antiga solidão, uma solidão composta pelo medo de mais perdas. Com freqüência, para esses indivíduos, o período de envolvimento terminou devido a circunstâncias sobre as quais eles não tinham, ou sentiam não ter controle. No caso de Richard, por exemplo, ele sentia que após se formar no curso secundário deveria assumir a responsabilidade de sustentar a mãe, uma vez que ela trabalhara tanto para mantê-lo na escola. Os planos que fizera para se tornar engenheiro foram abandonados com relutância e ele aceitou um emprego muito bem pago, como motorista de caminhão. Richard tentou conservar seus interesses científicos, mas era incapaz de manter contato com os amigos que fizera no colégio, pois a maioria deles fora para a faculdade. Durante algum tempo, continuou suas experiências sozinho, mas seu trabalho consumia muitas horas, em horários irregulares e, assim, sua energia e interesse começaram a diminuir. À medida que o tempo passava, sua vida começou a ser cada vez menos recompensadora. O fato de estar levando dinheiro para casa e ajudando a família não lhe proporcionava nenhuma satisfação verdadeira. O sentimento de solidão aumentou porque seus colegas não o aceitavam. E, quatro anos após formar-se no curso secundário, Richard descobriu que estava com os primeiros sintomas da doença de Hodgkin.

Os planos de Catherine também não se realizaram como ela desejara. Ela e as outras duas moças com quem morava, planejavam voltar ao mesmo apartamento após o verão e continuar os estudos. Mas o pai de Catherine disse-lhe que ela não poderia voltar, que a vida na cidade grande era muito "imoral" e que sua filha não iria levar "esse tipo de vida". Finalmente, ele a convenceu de que seria feliz do mesmo jeito em uma faculdade menor e ela aceitou modificar seus planos. Mas, sentia-se infeliz e deprimida na nova escola. Seu interesse pela música diminuiu. "Embora continuasse praticando", contou-me, "minha música era fria, não havia mais nada de *mim* nela."

Catherine conheceu um jovem bastante perturbado emocionalmente, com quem rapidamente se casou. Ao vê-lo pela primeira vez através de uma janela, disse a uma amiga: "Eis o homem com quem minha mãe gostaria que eu casasse." Apesar da incapacidade de Ted para ganhar a vida, tiveram quatro filhos, um após o outro. Catherine tentou desesperadamente construir um intenso relacionamento emocional com Ted, mas ele, como o pai dela, temia os próprios impulsos afetivos, e quanto mais ela tentava uma proximidade entre eles, menos ele era capaz de responder.

Catherine também tentou estabelecer amizades íntimas com outras jovens mulheres, mas não agüentava sua conversa constante sobre crianças e casa, assim como elas logo se entediavam com suas tentativas de falar sobre música, arte e questões sociais. Embora fizesse parte de um grupo de música de câmara, as exigências da família impediam-na de dedicar muito tempo à música. Ela começou a sentir-se pouco a pouco mais cansada e gradativamente menos interessada em qualquer coisa. Tocar piano continuou sendo cada vez menos satisfatório. Ela sentia que jamais conseguiria realizar alguma coisa ou sentir qualquer prazer verdadeiro na vida. Em oito anos, também era uma vítima da doença de Hodgkin.

Em alguns casos, o relacionamento central da vida desses pacientes foi mantido durante muito tempo. Contudo, o padrão emocional desses indivíduos era marcado pelas mesmas características encontradas naqueles cujo relacionamento central fora breve. Arthur, um paciente com câncer no pulmão, tinha 54 anos de idade. No início da infância, sua vida familiar fora muito afetuosa, mas quando tinha quatro anos, o pai saiu de casa. Arthur sentia-se hostil com relação ao pai, mas também culpado por essa reação. Sem nenhum apoio emocional — que originalmente recebera de seu pai — concentrou toda a energia no trabalho, a princípio na escola e, mais tarde, no mundo dos negócios. Ele atingiu um nível de segurança considerável através do sucesso material, embora sempre sentisse que faltava alguma coisa em sua vida. Seus relacionamentos com os outros, inclusive com a mulher e o filho eram superficiais, porém o relacionamento com o trabalho era diferente. Ele adorava seu trabalho, dedicando-se a ele com energia e paixão. Trabalhava e visitava clientes e colegas durante o dia todo e, à noite, bebia muito. Na manhã seguinte, após ter dormido muito pouco, sentia-se alegre e bem disposto. Entrevistei alguns de seus colegas que fizeram parte desse período de sua vida e eles confirmaram a intensidade de sua energia, bem como sua notável habilidade para organizar importantes campanhas industriais, apesar das bebedeiras e da falta de sono.

Aos 49 anos, após ter atingido um nível bastante elevado de sucesso profissional, aceitou um novo emprego oferecido por um homem agradável e tranqüilo. Arthur o considerava "o equilíbrio que sempre necessitei". Tornando-se amigo e discípulo desse homem, Arthur reprimiu sua própria iniciativa e energia. Parou de beber e juntou-se aos alcoólicos anônimos.

Porém, aos poucos começou a perceber que seu superior era, na realidade, um tanto ineficiente e indigno de confiança. Arthur racionalizou sua imobilização e permaneceu no emprego. Mas o canal de expressão para sua energia ficou bloqueado, diminuindo-a consideravelmente. Durante anos, trabalhara muito; agora, só era capaz de realizar as tarefas mais rotineiras. Pela primeira vez na vida, sentiu-se entediado. Ao mesmo tempo, passou a tornar-se cada vez mais agressivo com seu superior, mas não demonstrava seus sentimentos. A dedicação ao trabalho desapareceu e ele ficou sem nenhum canal que desse vazão à sua energia. Tentou ocupar-se dedicando mais tempo à família e trabalhando para os A.A. e freqüentando reuniões de grupos da igreja. Mas essas atividades traziam pouca satisfação. Sua situação desmoralizada e insignificante continuou por dois anos antes do surgimento do câncer no pulmão.

A energia — não somente física mas psíquica ou emocional — utilizada durante os períodos em que esses pacientes de câncer foram capazes de se relacionar com o mundo de forma constante, contrasta fortemente com a posterior sensação de prostração, experimentada ao serem privados daquele relacionamento. Neste contraste, encontra-se uma pista fundamental para compreendermos a história da vida emocional das vítimas do câncer. Todos os pacientes de câncer que observei durante minha pesquisa — mais de 500 — pareciam ter mais emoções do que energia para expressá-las. Todos davam a impressão de possuir maior energia emocional do que formas para manifestá-la. Caracteristicamente, havia na vida emocional deles uma qualidade "aprisionada". Entretanto, isso não acontecia nos indivíduos do grupo de controle, que não tinham câncer. Na verdade, entre os pacientes do grupo de controle, era comum terem *mais* exigências do que a energia necessária para atendê-las.

A ausência de formas de expressão para a energia emocional e a incapacidade para manifestá-la afetavam os pacientes de câncer de duas maneiras. Primeiro, como vimos anteriormente, esses indivíduos eram incapazes de dar vazão a seus sentimentos, de deixar que os demais soubessem quando estavam magoados, zangados ou hostis. Repetidamente, nos relatórios dos testes, nas entrevistas curtas e nas sessões de psicoterapia intensiva, ficava claro que os pacientes de câncer sentiam dificuldade para demonstrar raiva ou agressividade em defesa própria. Os outros diriam: "Ela é uma santa", ou "Ele é um homem tão bom, tão doce". Contudo, essa característica agradável, a "bondade" dessas pessoas era, na verdade, um sinal de seu fracasso em acreditarem o suficiente em si mesmas e de sua falta de esperança. Considerando-se pessoas sem valor e suas existências desprovidas de significado, elas simplesmente não podiam acreditar que poderiam estar certas em determinada situação e a outra pessoa, errada.

Alguns anos após ter iniciado minha pesquisa, o Dr. David Kissen realizou uma avaliação psicológica em mais de 300 pacientes de uma clínica que tratava de problemas do tórax. Posteriormente, descobriu-se que metade dos pacientes sofria de câncer no pulmão. A outra metade serviu de grupo de controle. Kissen descobriu uma característica de personalidade que diferenciava os dois grupos. Aqueles que, como ele descreveu, possuíam "canais insuficientes para a descarga emocional" eram muito mais predispostos a ter câncer. Um estudo posterior mostrou que a taxa de mortalidade para câncer de pulmão (em 100.000 pessoas por ano), era de 270 para os que possuíam canais insuficientes, e apenas 59 para aqueles que possuíam canais adequados de expressão emocional. Essa diferença existia, de modo significativo, independentemente da quantidade de cigarros consumida.

A importância de canais de expressão emocional — ou ausência deles — pode ser vista não apenas na análise estatística; ela também pode ser dramaticamente observada em casos individuais. Uma de minhas pacientes, Louise, era uma mulher de 60 anos com câncer de mama. Quando criança, fora muito amada e protegida. A família era européia, mas quando Louise tinha sete anos de idade, o pai foi para os Estados Unidos, levando com ele os filhos mais velhos e, assim, a família ficou separada durante alguns anos. Reprimindo a hostilidade que sentia pelo pai, bem como a sensação de perda, ela mudou seu papel e tornou-se uma "mãe assistente", negando dessa forma sua própria necessidade de proteção. Como um padrão de vida, negou seus sentimentos hostis encontrando, como ela mesma disse, "alguma coisa boa em todas as pessoas".

Mais tarde, Louise casou-se com um homem fraco e um tanto inadequado, e passou a vida cuidando dele e de seus quatro filhos. Dedicou-se muito a esse papel. Como disse um de seus filhos: "Quando Bobby quebrou a perna, ela o carregava nas costas até a escola". Na realidade, em sentido figurado, ela carregou toda a família nas costas, muitas vezes sustentando-a com seu salário, enquanto ao mesmo tempo era enfermeira, mãe e dona de casa.

Após quinze anos de casamento, o marido de Louise morreu. Mas ela conseguiu educar os filhos e os quatro ingressaram em áreas que exigiam elevada atividade intelectual. Apesar das dificuldades econômicas, teve uma vida feliz até o filho mais novo crescer e começar a trabalhar. Ela foi morar com esse filho. O emprego dele o obrigava a residir em diferentes cidades, às vezes de um a três anos e ela o acompanhava, cozinhando e cuidando da casa. Finalmente, ficou claro que seu filho não precisava mais dela e seria mais feliz sozinho.

Então, Louise passou por um período de confusão e desânimo; tentou diversos *hobbies* e ocupações, mas nenhum despertava seu interesse. Durante algum tempo, não fez quase nada. Tornou-se mais calada e relaxada do que jamais fora. Os filhos consideravam essa mudança "maravilhosa". Mas, na verdade, Louise perdera seu papel, o relacionamento central ao redor do qual construíra sua vida. Ela foi incapaz de achar outro canal para suas emoções. Não encontrara a paz, como pensavam os filhos, mas o desespero. E, mais ou menos um ano após ter deixado de cuidar da casa para o filho mais novo, surgiu o câncer na mama.

Desse modo, para o indivíduo que perdeu um relacionamento central, um papel que deu significado à sua vida, existe um duplo bloqueio. Por um lado, como Louise e Arthur, a pessoa é privada do canal para extravasar as emoções que haviam tornado a vida digna de ser vivida. No entanto, há também uma incapacidade para demonstrar o ressentimento ou a hostilidade provocados por essa perda. Os dois tipos de bloqueio alimentam o desespero da pessoa, criando a espécie de clima emocional em que a resistência ao câncer parece enfraquecer.

Por que, podemos perguntar, o indivíduo privado de sua *raison d'être*, não busca novas possibilidades, novos relacionamentos? Na verdade, muitos de meus pacientes tentaram. Arthur dedicou mais tempo à família e tentou interessar-se por algumas organizações voluntárias. Louise esforçou-se para encontrar uma ocupação que lhe desse a satisfação que sentira ao criar e educar seus filhos. Catherine, impedida de continuar seus estudos musicais no ambiente que desejava, casou-se.

Mas, em todos os casos, esses esforços fracassaram. As razões para o fracasso e para o crescente desespero enfrentado por cada um deles, parecem estar fortemente relacionadas à perda sofrida na infância. Independentemente da duração do relacionamento — a uma pessoa, um grupo, um papel, um talento, que lhes proporcionou um sentido de propósito — quer tenha durado um ano ou quarenta anos, todas as antigas dúvidas da infância vieram à tona. O relacionamento que lhes permitira esquecer os sentimentos de autodesprezo, reprimir a sensação de que havia alguma coisa errada neles, alguma coisa que os tornava inaceitáveis para os outros, desaparecera e, quando isso acontecia, era como se tivesse sido apagado — como se a satisfação que proporcionara não significasse nada.

Esses indivíduos não dizem a si mesmos "Bem, fui feliz naquela época, a vida tinha significado e se pude me sentir assim uma vez, posso tentar novamente". Na verdade, sentiam exatamente o contrário. O relacionamento que os apoiara parecia um feliz acaso, uma coisa boa que acontecera a eles, e não uma coisa boa que eles *fizeram* acontecer. Eles não se atribuíam o mérito por sua própria satisfação. A felicidade que sentiram não os convencia de que realmente mereciam ser felizes. Ao contrário, consideravam o fim do relacionamento um desastre mais ou menos previsto. Eles haviam aguardado seu final, esperado pela rejeição. Para eles, seu destino era ser rejeitado. E quando isso acontecia, diziam a si mesmos: "Sim, eu sempre soube que era bom demais para ser verdade."

Na maioria dos casos, esse pensamento não era abertamente manifestado, pelo menos até o início da terapia. Mas mostra a essência daquilo que consideram verdadeiro. Novamente, como Sísifo, sempre tiveram certeza de que não conseguiriam atingir o topo da montanha, que mais cedo ou mais tarde a pedra rolaria de volta ao sopé. O fim do relacionamento especial simplesmente provava que tinham razão.

A partir de um ponto de vista superficial, todos conseguiram "ajustar-se" ao golpe. Eles continuaram funcionando; continuaram executando as obrigações diárias. Mas a "cor", o entusiasmo, o significado, abandonaram sua vida e eles pareciam não estar mais ligados a ela. Nas palavras de T. S. Eliot, eles consideravam suas vidas vazias:

Sombra sem forma, sombra sem cor
Força paralisada, gesto sem movimento...

Eles fizeram o gesto, continuaram executando as tarefas do dia a dia, mas o gesto não mostrava um movimento para a frente. Não tinham esperança no futuro e nenhuma convicção de que o próprio gesto tivesse qualquer significado.

Para aqueles que os conheciam, mesmo para as pessoas mais próximas, davam a impressão de estar indo perfeitamente bem. Em alguns casos, como aconteceu com os filhos de Louise, os demais achavam que eles estavam mais satisfeitos, mais tranqüilos do que jamais haviam estado. Mas, na verdade, eles sentiam a falsa paz do desespero; estavam simplesmente esperando morrer. Pois, para eles, essa parecia ser a única saída. Eles estavam prontos para morrer. Num sentido muito real, já estavam mortos. Um paciente me disse: "A última vez senti esperança e veja o que aconteceu. Assim que abaixei minhas defesas, é claro, fui novamente abandonado. Nunca mais terei esperança. É demais para mim. É melhor refugiar-me numa concha."

E lá eles ficaram, esperando sem esperança que a morte viesse libertá-los. Entre meus pacientes, o câncer terminal surgiu em períodos que variavam de seis meses a oito anos.

Essa história da vida emocional era predominante em 76% de todos os pacientes de câncer que estudei, incluindo aqueles dos quais eu tinha apenas os testes ou aqueles com quem realizei somente curtas entrevistas. Entre os pacientes do grupo de controle, esse padrão emocional foi encontrado em apenas 10%. Dos 71 pacientes de câncer que me procuraram para fazer psicoterapia intensiva, 66 ajustavam-se a esse padrão. É particularmente interessante o fato de existir uma alta porcentagem (mais de 95%) entre os pacientes que faziam psicoterapia, e não em todo o grupo estudado. Talvez isso fosse parte do processo de auto-seleção que levou esses pacientes à psicoterapia. Também devemos lembrar que todos os pacientes que faziam terapia não tinham esperança de cura do ponto de vista médico ou mesmo de uma sobrevida superior a alguns meses: seus tumores eram inoperáveis ou haviam se disseminado muito para serem controlados. Isso não acontecia necessariamente com os pacientes estudados através dos testes ou das entrevistas curtas. Assim, há fortes indicações de que o grau de alienação emocional da vida pode influenciar a gravidade e malignidade do próprio câncer. Esse é um assunto ao qual retornarei posteriormente.

Com base em minhas observações, o padrão emocional básico do paciente de câncer parece possuir três elementos principais. O primeiro envolve uma infância ou adolescência marcada por sentimentos de isolamento. Há a sensação de que os relacionamentos intensos e significativos são perigosos e provocam sofrimento e rejeição. O segundo elemento do padrão concentra-se no período em que é descoberto um relacionamento significativo, permitindo que o indivíduo desfrute a sensação de ser aceito pelos outros (pelo menos em determinado papel) e encontre um sentido para sua vida. O terceiro aspecto vem para o primeiro plano, quando ocorre a perda daquele relacionamento central. Agora, há um sentimento de desespero absoluto, relacionado ao sentimento de solidão da infância, porém mais intenso. Nessa terceira fase, é predominante a convicção de que a vida não encerra nenhuma esperança. E, algum tempo após o início da terceira fase, surgem os primeiros sintomas do câncer.

A união dessas três fases produz uma percepção única do universo. A maneira de o paciente de câncer enxergar seu mundo — como sempre o enxergou, desde a infância — é característica. Sua visão é basicamente mecanicista: "O universo frio, automático", descrito por Descartes, filósofo e matemático francês do século XVII. Mas, apesar de podermos denominá-lo de pai do pensamento "moderno", Descartes era consolado, em sua visão de um mundo mecanicista, pela crença na presença generosa e amorosa de Deus. Essa presença está ausente para o típico paciente de câncer. Ao contrário, o paciente de câncer percebe a presença de *Moira* (destino), uma trama fatal que parece se aplicar somente a ele.

Sentindo que o cosmos é indiferente e desinteressado, a típica vítima do câncer não consegue imaginar que possa existir qualquer significado além da criatura humana e de seus relacionamentos particulares. Entretanto, ao mesmo tempo, o indivíduo sente que foi escolhido pelo destino. Independente daquilo que faz, de seus esforços, o rumo de sua vida é considerado predeterminado, triste e condenado. Contudo, parece haver poucos elementos paranóicos nesse conceito. Na verdade, ele se encontra no nível quase subliminal de sentimentos, onde a maior parte das pessoas deste século guarda suas suposições sobre a natureza do universo. Ao trabalhar com esses pacientes percebi que, desde a infância, esse conceito de destino pessoal fora fundamental à sua crença. Mesmo nos melhores momentos de suas vidas, a percepção de um destino predeterminado continuava no fundo de suas mentes, como um rufar de tambores, distante mas mesmo assim ameaçador.

O conceito de universo, do paciente de câncer, talvez possa ser ainda mais esclarecido pelas idéias do psiquiatra suíço Ludwig-Binswanger, que concebe o indivíduo como um ser que vive em três mundos. Primeiro, há o *umwelt*: o meio ambiente e o mundo das coisas. O mundo dos outros é chamado de *mitwelt*. Finalmente, o *gegenwelt* é o eu, o mundo interior. Entre meus pacientes, o *umwelt* parecia ser bastante insignificante. Mesmo para aqueles que buscavam o sucesso material, fazendo-nos pensar que valorizavam o mundo das coisas, isso não acontecia. Eles não estavam interessados em obter dinheiro e coisas materiais apenas para possuí-los. Ao contrário, sua dedicação ao trabalho, sua luta material, era uma tentativa desesperada para encontrar satisfação na vida através dos objetos, embora "soubessem" (conscientemente e em níveis mais profundos) que esses objetos não saciariam sua fome. Para a maioria de meus pacientes, o trabalho era um método através do qual poderiam tentar aproximar-se dos outros, comunicar-se — como um jogo de xadrez, que pode ser usado como um estratagema social para estabelecer um relacionamento com um adversário.

Para meus pacientes, o *mitwelt*, ou mundo dos outros, parecia ser determinado pelo princípio "ou... ou". De acordo com os fatores da personalidade discutidos nos capítulos anteriores, eles sentiam que ou deviam aceitar ou ser rejeitados, e eram incapazes de conceber um caminho intermediário. Acreditavam que se quisessem ser amados e aceitos como as outras pessoas, seria necessário concordar com determinados tipos de pensamento, sentimento e comportamento. Se não pudessem ou não quisessem admiti-los, seriam rejeitados, transformando-se em estranhos abandonados na fria solidão. Para eles, parecia incompreensível que pudessem modificar alguns elementos pouco importantes de seu comportamento e, com isso, conseguirem ser aceitos pelos outros embora mantendo seus próprios pensamentos e sentimentos.

Muitos desses indivíduos estavam terrivelmente alertas à aproximação de qualquer criatura nova em seu ambiente. Será que a nova criatura, como era de esperar, os rejeitaria? Um paciente me disse: "Meu radar sempre abrange 100 km." Porém, apesar de meus pacientes terem sempre temido a rejeição, ao mesmo tempo, eles a procuravam. Criavam um teste após o outro para aplicá-lo em qualquer amigo, amante ou cônjuge em potencial. Se a nova pessoa fracassasse em um teste, isso era o suficiente para convencê-lo de que seus temores tinham fundamento: como esperava, ele não merecia ser amado. Se a pessoa fosse aprovada num teste, outro teste sempre era aplicado. Assim, havia uma seqüência de testes até que, finalmente, ocorria o fracasso previsto. Como disse Alma: "Não é de admirar que nenhum homem jamais tenha me amado; todos estavam muito cansados depois de escalar todo aquele arame farpado para chegar a mim".

Essa perspectiva de "ou... ou", "tudo ou nada" também era aplicada ao eu, ou *gegenwelt*. Esses indivíduos podiam quebrar-se, mas não conseguiam curvar-se. "Fico aqui parado", pareciam dizer. "Não posso fazer mais nada." Eles percebem vagamente aquilo de que precisam para serem eles mesmos, para se expressarem totalmente como seres humanos. Mas, ser criativo desse jeito especial que completaria seus eus únicos, somente traria a completa rejeição, fechando novamente o canal de acesso aos outros, de modo brutal — eles estão convencidos disso. Uma vez que o fechamento desse canal sempre vem acompanhado de uma angústia esmagadora, com freqüência suas reações contra os outros são tão defensivas que eles tendem a provocar a temida rejeição. Ou a rejeição pode ser percebida onde não existe.

Virginia, embora acreditando que nenhum homem jamais poderia amá-la totalmente, conheceu um homem casado com o qual desejou manter um caso. O homem estava muito apaixonado por ela, mas achava que o adultério era errado para ambos, que destruiria aquilo que sentiam um pelo outro. Ele insistia que ambos deveriam se divorciar e casar. Mas essa resposta — que na maioria dos relacionamentos seria a prova final do amor desse homem — era considerada por Virginia como uma rejeição. Ela não a considerava como uma prova de amor, mas como mais um exemplo da falta de amor que sempre fora sua sina.

Porém, o "eu desejado" desses pacientes, a essência daquilo que queriam ser como seres humanos era de tal natureza que o tornava impossível de ser alcançado. Quase sem exceções, eles faziam "exigências gigantescas" (como Karen Horney as chamou) a si mesmos. Os padrões que estabeleciam para si eram impossíveis de ser atingidos por qualquer ser humano. Porém esses ideais eram ao mesmo tempo muito vagos e, com freqüência, muito mais expressos em termos de "nãos" do que de "sims". Então, mesmo que por algum milagre o paciente conseguisse atingir seu objetivo, provavelmente não reconheceria o fato.

Quando, no decorrer da terapia, essas tremendas exigências ao eu eram verbalizadas, os pacientes geralmente eram capazes de enxergar sua natureza ridícula e rir delas — mas só conseguiam abandoná-las muito lentamente. "Se eu puder realizar esses desejos", pareciam dizer, "então os outros *precisam* me aceitar e me amar. Então, posso realmente fazer parte deste mundo, ligar-me a ele através das respostas dos outros."

Mas com padrões tão elevados, nenhum sucesso real jamais era considerado próximo o suficiente do ideal. Independentemente daquilo que era alcançado, nunca parecia fazer qualquer diferença. O reconhecimento e o respeito dos outros, mesmo quando consideráveis e obtidos nas áreas em que eram particularmente desejados, pareciam vazios e pouco convincentes. Por exemplo, ofereceram a Alma o emprego perfeito para sua rara combinação de talentos. A firma que a contratou ficara cinco anos sem ninguém para ocupar o cargo, pois não conseguia encontrar uma pessoa com as diversificadas qualificações exigidas. Alma realizara um traballho importante nesse cargo, mas isso não aumentou nem um pouco o seu auto-respeito ou autoconfiança.

Virginia era uma mulher extremamente bonita, mas não se considerava atraente para os homens. Ela precisava desesperadamente de uma resposta masculina e, na verdade, muitos homens sentiam-se atraídos por ela. Era cortejada, tivera diversos casos e muitas propostas, mas ainda não conseguia considerar-se atraente para o sexo masculino. Mesmo percebendo a freqüência com que despertara paixões e como seu "score" era elevado, isso não fazia nenhuma diferença para ela. De modo bem-humorado, sugeri possíveis ações que iriam convencê-la de seu próprio encanto: homens matando-se aos milhares por amor a ela, a Legião Estrangeira invadida por homens que se alistavam tentando esquecê-la, primeiro lugar no concurso "Miss Universo", e depois a extinção de futuros concursos porque ninguém poderia jamais comparar-se a ela. Ela riu e disse: "Acho que você está chegando perto daquilo que tenho em minha mente, mas ainda tem muito chão até chegar lá". Ela viu o absurdo de suas exigências com relação àquilo que "deveria ser", mas não conseguia abandoná-las. Ao mesmo tempo, naturalmente, também sentia que deveria ser uma tranqüila dona de casa e mãe, fiel e amorosa com seu marido, sempre disponível para os filhos, uma filha perfeita que dedicava à mãe toda sua atenção, sem mencionar uma cientista que "faria coisas para o mundo como Madame Curie".

Aqui, novamente, o leitor talvez sinta certa impaciência com Virginia e com as pessoas iguais a ela. Que absurdo ser tão exigente! Porém, embora os sentimentos de Virginia com relação a si mesma e ao mundo sejam absurdos, eles são sentimentos *reais*, profundamente arraigados. Na verdade, tão profundamente arraigados que criaram nela uma angústia insuportável. Tão profundamente arraigados, que parecem tê-la predisposto à investida do câncer. É uma glória e uma tragédia da mente e do espírito humanos que aquilo que "sentimos" ser verdadeiro a respeito de nós mesmos, independente de sua veracidade, possa muitas vezes tornar-se realidade. A pessoa que está convencida de que o sucesso virá, com freqüência vai além daquilo que suas qualidades inatas lhe permitem. A pessoa que está convencida de que o fracasso é inevitável com freqüência fracassa, apesar de sua elevada competência. O paciente terminal de câncer quase sempre espera o fracasso e a rejeição. Quando um relacionamento central chega ao fim, o paciente não é surpreendido — isso é o que sempre temera e antecipara. O próprio câncer, quando surge, é considerado da mesma maneira.

Minha compreensão sobre a personalidade do paciente de câncer foi confirmada por outras pessoas. O Dr. Gotthard Booth, psiquiatra de Nova York, observou um padrão semelhante entre 125 de seus pacientes de câncer. Ele descobriu que muitos deles "tinham sido dominados, desde a infância, pela sensação de que suas oportunidades de obter satisfação eram muito limitadas e que só teriam sucesso à custa de muito esforço para criar uma existência significativa para si mesmos. Portanto, uma grande perda, particularmente no período de declínio da vitalidade, é considerada irrecuperável".

Baseado em meus próprios estudos, eu diria que a sensação de perda irrecuperável pode surgir em qualquer idade. Devido à natureza da personalidade do paciente de câncer, a perda de um relacionamento, em qualquer época da vida, conduz ao desespero. Naturalmente, existe aqui uma aparente contradição. O paciente de câncer possui maior quantidade de emoções do que é capaz de expressar — porém considera impossível recorrer a essa emoção em defesa do eu. Como o eu fica esperando, incapaz de atingir as metas impossíveis que foram estabelecidas, suas necessidades emocionais não podem ser atendidas.

A força emocional, como um lago interior que não possui canais para a entrada ou a saída da água, torna-se estagnada e transforma-se numa espécie de pântano, no qual somente os organismos de decomposição encontram um lar. Não obstante, assim como é possível recuperar a saúde de um lago estagnado, cavando valas que irão ligá-lo aos regatos de águas frescas da área ao seu redor, o canal para o mundo exterior também pode ser novamente aberto para o paciente de câncer. Mas, antes de discutirmos como esse canal pode ser reaberto, há mais coisas para aprendermos sobre a história da vida emocional do paciente de câncer.

5

ESTRESSE E SUSCETIBILIDADE

A partir de meus estudos clínicos dos pacientes de câncer, bem como de pacientes do grupo de controle, durante os primeiros cinco anos de minha pesquisa, obtive um quadro definido. Esse quadro, tanto em suas linhas gerais quanto em seus detalhes, indicou haver uma estrutura de personalidade e uma estrutura de história de vida emocional típicas dos pacientes de câncer — e atípica para os pacientes do grupo de controle. Os pacientes de câncer — particularmente aqueles cuja malignidade era considerada terminal e que não podiam ser auxiliados pela medicina — pareciam constituir um tipo especial de pessoa.

Contudo, esse quadro continuava hipotético. Por mais que os resultados de meu estudo se mostrassem provocadores, estimulantes e úteis, continuava sendo necessário testar a hipótese através de outros métodos para determinar sua validade científica. Ao ampliar a compreensão da personalidade do paciente de câncer, pude ajudar muitos deles a encontrarem uma nova esperança, modificar sua visão do mundo e adquirir um grau mais elevado de satisfação durante o tempo que lhes restava. Para alguns, a restituição da esperança veio acompanhada de uma remissão do câncer. O renascimento da esperança nesses pacientes — cujos casos apresentarei em detalhes posteriormente — era uma forte evidência de que minha hipótese estava correta. Mas não era a evidência "objetiva" exigida para a elaboração de uma prova científica.

Na psicologia experimental e em outras áreas científicas, um método amplamente utilizado para testar hipóteses é a previsão de dados que resultariam de outros métodos de pesquisa. Assim, um cardiologista pode prever que homens que fumam e bebem muito têm maior probabilidade de sofrer ataques cardíacos. Para testar essa hipótese, dois grupos de voluntários — um grupo formado de homens que fumavam e bebiam e outro, de homens que não tinham esses vícios — seriam intensamente estudados no início da pesquisa e, depois, reexaminados durante um período de mais ou menos dez anos. Devido ao longo tempo de latência associado ao câncer, torna-se difícil estabelecer um projeto de pesquisa estatisticamente válido. Entretanto, existe uma segunda abordagem que proporciona resultados mais imediatos. Este método envolve o prognóstico de taxas relativas de mortalidade do câncer para diferentes grupos, testado através de comparações com dados já reunidos por outros pesquisadores. Por exemplo, descobri que a perda de um relacionamento vital geralmente antecede o desenvolvimento de uma malignidade fatal. Se esta observação estivesse correta, as taxas de mortalidade do câncer entre mulheres, por exemplo, deveriam refletir a probabilidade de elas terem perdido esse relacionamento vital. Na verdade, deveriam variar de acordo com o estado civil das mulheres.

Assim, o grupo com a taxa mais elevada de mortalidade do câncer seria o das "viúvas". Entre este grupo, a perda de um cônjuge, motivada por doença ou acidente, deveria significar com maior freqüência a perda de um relacionamento intenso. A taxa mais elevada de mortalidade seguinte estaria entre as "divorciadas". A taxa de mortalidade para as mulheres divorciadas seria menor do que a das viúvas, uma vez que um número menor de mulheres divorciadas estaria inclinado a transformar o casamento em foco principal de suas energias emocionais. No entanto, a taxa para mulheres divorciadas seria mais elevada do que para as "casadas". Isto é, uma porcentagem maior de pessoas divorciadas teria conseguido e perdido um relacionamento fundamental, do que as "casadas" ou "solteiras".

A taxa seria mais elevada para o grupo de "casadas" do que para o de "solteiras", de acordo com um raciocínio semelhante. Entre as casadas, a ligação emocional pode ter sido rompida, embora o casal continuasse legalmente junto em razão de crenças religiosas, costume ou problemas econômicos. A menor taxa de mortalidade seria encontrada entre o grupo de "solteiras", pois elas teriam adquirido e perdido com menor freqüência um relacionamento básico na área conjugal.

Resumindo, a previsão era de que as taxas de câncer entre mulheres estariam relacionadas ao estado civil. Dos quatro grupos, as taxas de mortalidade do câncer seriam mais elevadas entre as viúvas do que entre as divorciadas, depois entre as casadas e, finalmente, entre as solteiras. Essa previsão foi confirmada por estatísticas reunidas em diversas fontes. R. A. Herring, por exemplo, relatou a taxa de mortalidade em mulheres, nos Estados Unidos, durante o período de 1929-31. Ele utilizou os dados do Departamento de Recenseamento e obteve os números diretamente de certidões de nascimento. Sua análise é mostrada na Tabela I.

TABELA I

Taxas de Mortalidade por Câncer para 100.000 pessoas da população viva dos Estados Unidos entre 1929-31, somente mulheres.

	Mama	Útero	Ovário, Trompa de Falópio	Vulva e Vagina	Outros locais	Total
Solteiras	15,0	9,0	3,3	0,5	33,4	61,2
Casadas	24,5	35,0	4,7	0,8	11,8	137,7
Divorciadas	29,3	57,2	6,0	1,5	81,8	175,8
Viúvas	74,4	94,4	9,6	4,3	344,4	527,1

Podemos discordar disso afirmando que qualquer doença mais comum entre pessoas mais idosas apresentaria o mesmo tipo de relação com o estado civil. Mas esse não é o caso, de acordo com as estatísticas disponíveis. Os dois distúrbios nos quais a classificação por idade parece igualar-se mais nitidamente ao câncer são as doenças cardíacas e o diabetes. Porém, um estudo sobre a taxa de mortalidade do diabetes na Inglaterra e no País de Gales, realizado entre 1931-32, mostra que a relação entre o câncer e o estado civil, apresentada na Tabela I, é inexistente no que se refere ao diabetes. Na verdade, como apresentado na Tabela II, a taxa de mortalidade do diabetes era geralmente mais alta para as mulheres casadas do que para as viúvas, mesmo em idades mais avançadas. Esse fato reforça a idéia de que existe um relacionamento especial entre o estado civil e o câncer, independente dos fatores de idade envolvidos.

TABELA II

Taxa de mortalidade por diabetes, por milhão.
Inglaterra e País de Gales, 1931-32, somente mulheres.

Idade	30	35	40	45	50	55	60	65	70	75
Casadas	48	59	68	88	183	305	491	722	751	723
Viúvas	41	42	41	111	178	321	502	627	737	646

Um pesquisador inglês, S. Peller, realizou uma cuidadosa análise sobre os dados do câncer publicados pelo governo britânico para 1932, e descobriu que "ao comparar as taxas de mortalidade em mulheres solteiras e viúvas, essas eram significativamente mais elevadas nas viúvas, em todos os grupos etários". As taxas também eram mais elevadas no grupo de viúvas do que no de casadas, em todos os níveis de idade. Peller resumiu parte de sua pesquisa, dizendo:

... quanto menos satisfatório o estado civil, mais cedo a paciente manifesta o câncer e morre em conseqüência dele... as circunstâncias associadas à morte do marido tendem a aumentar a mortalidade do câncer uterino e de mama.

Alguns outros estudos mostraram resultados semelhantes. Não encontrei nenhum estudo que contrariasse meu prognóstico de que as taxas de mortalidade variam de acordo com o estado civil. Esse material já foi publicado (veja a Bibliografia) e, assim, está disponível para a comunidade médica. Entretanto, parece desnecessário sobrecarregar o leitor com dados estatísticos adicionais sobre esta questão. Os resultados eram surpreendentemente claros: a previsão de que as mortes por câncer seriam mais comuns entre viúvas e menos comuns entre mulheres solteiras foi confirmada por estudos já existentes.

Baseado em minha hipótese geral, foi possível realizar outras previsões que poderiam ser testadas através de comparações com dados reunidos por outros cientistas. Ao discutir o grupo de "casados" nas páginas anteriores, observei que em muitas situações um casamento pode permanecer legalmente intacto apesar de estar deteriorado do ponto de vista psicológico. Nessas circunstâncias, o relacionamento central pode ter sido perdido, embora o casal permaneça junto. Essa foi uma observação importante na elaboração da previsão de que a taxa de mortalidade seria mais elevada no grupo de casados do que no grupo de solteiros. Mas ainda há uma outra observação que podemos fazer sobre o grupo de casados.

No grupo dos casados existem dois subgrupos: os "casados com filhos" e os "casados sem filhos". Suponhamos que um casal esteja psicologicamente afastado, embora permaneçam juntos. Um relacionamento central foi perdido. Então, façamos uma pergunta a nós mesmos: qual o casal com maior probabilidade, enquanto indivíduos, de ter encontrado um relacionamento substituto satisfatório, um relacionamento que ofereça um canal fundamental para a expressão emocional, proporcionando esperança e um significado para a vida? Obviamente, o casal com filhos tem maior probabilidade de ter encontrado um novo relacionamento válido, envolvendo os filhos. Embora a relação entre o marido e a esposa possa ter perdido seu significado e força originais, cada um deles tem a possibilidade de canalizar suas necessidades emocionais para um relacionamento substituto com os filhos.

Para que essa previsão faça sentido, é necessário haver o mesmo tipo de variação para os homens e mulheres envolvidos. Se apenas as mulheres apresentarem a variação de mortalidade prevista pelo estado civil, podemos presumir que a variação é devida a fatores hormonais. Mas se os homens apresentarem uma variação semelhante, a explicação pode encontrar-se em algum outro lugar além dos fatores hormonais, acrescentando maior credibilidade ao elemento emocional que estamos verificando.

Assim, podemos prever que entre homens e mulheres, a taxa de mortalidade do câncer será mais elevada entre indivíduos casados sem filhos, do que entre os que têm filhos. Na verdade, essa previsão é confirmada por um relatório estatístico sobre a população da Austrália nos anos de 1919-23. H. Dorn demonstrou que a taxa de mortalidade era menor entre os que tinham filhos e que tal fator é verdadeiro tanto para homens como para mulheres.

TABELA III

Taxa de Mortalidade por Câncer — População Total da Austrália

	Homens casados com filhos	Homens solteiros	Homens casados sem filhos
1919-23	163	168	182

(Dorn relata que os números para 1921-31 e para 1931-35 "estão perfeitamente de acordo" com os números apresentados)

	Mulheres casadas com filhos	Mulheres solteiras	Mulheres casadas sem filhos
1919-23	163	179	183
1931-35	152	166	193

O leitor talvez fique perplexo com os números relativos aos homens e mulheres solteiros, uma vez que são mais elevados do que nos grupos de casados com filhos. Essas estatísticas não contrariam, como pode parecer, minha previsão anterior de que as taxas de mortalidade seriam mais elevadas entre os casados do que entre os solteiros. Ao realizar essa previsão, não foram feitas distinções entre indivíduos casados com filhos e sem filhos. Se calcularmos a média dos números da tabela anterior, relativos às pessoas que têm filhos e às que não têm, a taxa para o grupo global de "casados" é realmente mais elevada. Exatamente por esperar essa variação quando o grupo de casados foi subdividido, é que busquei mais evidências.

Agora já deve estar claro para o leitor que é possível prever que qualquer situação que impeça a formação de relacionamentos intensos e significativos, resulta em taxas mais elevadas de mortalidade do câncer. Por exemplo, através de vários estudos, sabemos que a segunda geração de americanos como um grupo, apresenta muito mais indicações de rompimento social do que a primeira ou a terceira geração. A primeira geração de imigrantes ainda possui os costumes tradicionais e pontos de vista de seu país de origem para mantê-los unidos. A terceira geração absorveu as tendências de sua nova cultura. Todavia o grupo da segunda geração, vacilando entre os pontos de vista de seus pais e os da sociedade, tende a ser o menos bem ajustado e o menos coeso das três gerações. Assim, podemos presumir que essa segunda geração apresenta uma porcentagem maior de relacionamentos perdidos. Logo, poderíamos prever que o grupo da segunda geração apresentaria taxas mais elevadas de mortalidade do câncer do que os grupos da primeira ou da terceira geração.

Um estudo realizado por Bigelow e Lombard apresenta os dados relativos a essa previsão na Tabela IV.

TABELA IV

Taxas de Mortalidade por Câncer, revisadas por idade e sexo
Massachusetts, 1928

	Nativos nascidos de pais nativos	Estrangeiros	Nativos nascidos de pais estrangeiros
Homens	74.8 $\pm$ 3.1*	146 $\pm$ 4.3	235.0 $\pm$ 9.8
Mulheres	129.2 $\pm$ 4.0	179 $\pm$ 4.8	281.0 $\pm$ 9.8

* $\pm$ refere-se a provável erro

A taxa de mortalidade muito mais elevada entre a segunda geração, apresentada nessa tabela, é uma prova surpreendente da validade desse prognóstico — e da hipótese básica de que os relacionamentos perdidos contribuem significativamente para o desenvolvimento do câncer.

Ingressando num campo ainda mais amplo, vamos considerar o que acontece aos relacionamentos em tempos de guerra. Alguns sociólogos e psicólogos mostraram que quando um país está em guerra, a coesão do grupo aumenta, pois as metas e esforços comuns unem as pessoas mais fortemente. Naturalmente, isso só acontece quando o país como um todo está profundamente envolvido na guerra, durante um período razoavelmente longo. Entretanto, o término de uma guerra provavelmente produzirá o efeito oposto. Ocorrem mudanças na economia, as fantasias do pós-guerra não se concretizam, o inimigo comum não existe mais, a busca pela vitória faz parte do passado — e todos esses fatores podem trazer amargura, desapontamento e perda da solidariedade do grupo.

Poderíamos esperar que essas mudanças se refletissem nos relacionamentos interpessoais formados pelos indivíduos, e, portanto, poderíamos prever que as taxas de câncer diminuiriam durante o tempo de guerra e aumentariam nos anos pós-guerra nos países totalmente engajados no conflito. Além disso, poderíamos esperar que se encontrássemos um país que tivesse ficado profundamente desorganizado pela guerra, com fortes opiniões discordantes de grande força emocional, mantida por diferentes membros da população, isso tenderia a romper relacionamentos — e poderíamos prever uma taxa de câncer anormalmente elevada.

Na realidade, as taxas de mortalidade do câncer na Dinamarca e na Inglaterra apresentaram uma significativa diminuição durante a Segunda Guerra Mundial e um aumento temporário significativo após o armistício. Durante os anos de 1942-45, houve um aumento temporário "inexplicável" nas taxas de mortalidade do câncer na Irlanda. A Irlanda foi um país em que ocorreram respostas emocionais muito fortes e divergentes durante a Segunda Guerra Mundial. Por um lado, houve uma reação violenta com relação à natureza do movimento nazista. Porém, ao mesmo tempo, a tradicional desconfiança irlandesa com relação à Inglaterra continuava a ser percebida, acompanhada da ambivalência provocada pelo fato de muitos jovens irlandeses terem se juntado ao exército inglês. Assim, de acordo com minha hipótese, o aumento nas taxas de mortalidade por câncer não é inexplicável; ao contrário, é exatamente o esperado.

Também realizei outros testes objetivos. Muitos deles envolviam uma análise estatística de natureza muito complexa para ser apresentada aqui. Fiz uma previsão, por exemplo, de que encontraríamos diferenças nas taxas de mortalidade por câncer entre indivíduos que sofressem de diferentes subtipos de esquizofrenia. Uma vez que os esquizofrênicos paranéicos teriam maior probabilidade de ter firmado fortes relacionamentos antes do início de sua psicose, apresentariam taxas de mortalidade por câncer muito elevadas. A previsão para outros tipos de esquizofrênicos — o hebefrênico, o catatônico, o simples — que tendiam a ter apenas relacionamentos superficiais antes do início de sua psicose, foi o de que apresentariam taxas anormalmente baixas. Essas previsões foram confirmadas por três estudos separados sobre as taxas do câncer entre doentes mentais internados em instituições.

Baseando-me em outro aspecto de minha hipótese global, o conceito de que, desde a infância o paciente de câncer acreditava que os relacionamentos emocionais eram perigosos, realizei outro conjunto de testes estatísticos. Este trabalho foi realizado em conjunto com o Dr. Marvin Reznikoff e publicado pela primeira vez juntamente com ele. Reznikoff havia publicado um estudo mostrando que um número elevado e estatisticamente bastante significativo de seus pacientes de câncer, havia perdido um irmão ou irmã na infância, o que não ocorria com os indivíduos que não tinham câncer, utilizados como grupo de controle. Usando as informações já reunidas por Reznikoff, bem como um estudo dinamarquês realizado por O. Jacobsen, outros testes foram realizados. Acreditávamos existir maior probabilidade de os pacientes de câncer terem sido o "bebê" da família durante menos tempo, em razão do nascimento de outro filho e, portanto, tiveram menos tempo para satisfazer suas necessidades de dependência na situação familiar ideal. Descobrimos que os indivíduos com câncer realmente foram os caçulas durante um período menor do que o de seus irmãos e irmãs que não tinham câncer.

Esse estudo era particularmente importante, uma vez que parecia não somente confirmar a hipótese geral de que os pacientes de câncer, no início da vida, desenvolveram o sentimento de que os relacionamentos emocionais eram perigosos, como também oferecia novas informações sobre as razões que os fizeram sentir isso. Entre os mais de cinqüenta pacientes que tratei na psicoterapia intensiva, muitos haviam sofrido algum tipo de perda quando crianças; a morte de um pai ou irmão ou o afastamento de um ou de ambos os pais, física ou emocionalmente. Esse tipo de perda era, como observamos anteriormente, muito mais comum nos pacientes de câncer do que para meus pacientes sem câncer. Não obstante, isso não se aplicava a todos os meus pacientes portadores de câncer. O que teria provocado o desenvolvimento desse sentimento de que os relacionamentos emocionais eram perigosos? Agora, já havia o esboço de uma resposta para essa pergunta. Sem dúvidas, o nascimento de um irmão poderia fazer com que os pais transferissem sua atenção para esse novo membro da família; e se a criança mais velha não tivesse tempo suficiente para satisfazer suas necessidades de dependência, a perda da atenção irrestrita dos pais poderia ser suficientemente traumatizante para fazê-la sentir que os relacionamentos em geral eram perigosos e provocavam ansiedade.

Após ter concluído meus estudos, outros pesquisadores fizeram descobertas semelhantes com relação a diversos aspectos da personalidade do paciente de câncer, que eu mesmo havia compreendido no decorrer de minha própria pesquisa. Por exemplo, o Dr. Arthur H. Schmale e o Dr. Howard Iker, da Universidade de Rochester, descobriram que seus pacientes de câncer eram reservados, rígidos e, muitas vezes, retraídos. Eram pouco expansivos, não manifestando abertamente seu afeto·ou sua raiva. Esses dois médicos acharam esse padrão tão significativo que tentaram prever a presença ou a ausência do câncer, baseados apenas em entrevistas psiquiátricas, num grupo de 69 mulheres hospitalizadas para realizar uma biópsia cervical. Seu grau de precisão nesses prognósticos foi de 72,5%.

O Dr. Claus Bahnson, do Instituto Psiquiátrico da Pensilvânia, comparou três grupos diferentes: pacientes de câncer, pacientes com outras doenças e um grupo de indivíduos sadios. Diversamente dos outros dois grupos, os pacientes de câncer apresentavam uma história de relacionamentos frios e insatisfatórios com seus pais. "Pessoas com esse tipo de educação", afirma o Dr. Bahnson, "são mais vulneráveis aos efeitos de perdas posteriores na vida, porque têm dificuldade para manter relacionamentos íntimos e não possuem uma saída para as cargas emocionais intensificadas."

A ausência de uma saída para cargas emocionais intensificadas me parece particularmente importante. Entre os pacientes que tratei na psicoterapia intensiva (bem como aqueles com os quais realizei entrevistas curtas) eu tinha a constante impressão de que essas pessoas possuíam uma forte qualidade básica de "élan vital." A força vital parecia de algum modo mais forte neles do que nos pacientes do grupo de controle. Mesmo quando seu brilho estava ofuscado pelo desespero, esses indivíduos pareciam possuir uma "centelha" especial, um vigoroso potencial para permanecer vivos.

É difícil definir a fonte dessa impressão tão sólida. Talvez ela possa ser relacionada à qualidade "aprisionada" de suas vidas, a presença de maior quantidade de energia emocional do que de meios para expressá-la. Mas, além disso, era como se eles simplesmente tivessem mais "fogo" interior do que o encontrado no perfil normal da população. Essa impressão era tão forte e consistente que, muitas vezes, encontrei-me imaginando se o câncer não poderia ser uma doença seletiva, com maior probabilidade de surgir naqueles com um nível mais elevado de energia emocional, especialmente se sua vida não permitir que dêem plena vazão a essa força.

Recentemente, alguns cientistas observaram com especial atenção a aparente repressão das emoções entre os pacientes que estudaram. Já mencionei o trabalho do Dr. David Kissen, de Glasgow, que descobriu que os pacientes de câncer demonstravam possuir "canais insuficientes para a descarga emocional", e eram menos capazes de expressar seus sentimentos. Um psiquiatra do Memorial Sloan-Kettering Cancer Center, em Nova York, o Dr. Rene Mastrovito, estudou um grupo de mulheres com câncer nos órgãos reprodutores. Ele descobriu que essas pacientes possuíam um elevado grau de "autocontrole emocional, idealismo e senso de responsabilidade".

Autocontrole emocional. Idealismo. Responsabilidade. Aprendemos que todas estas qualidades são virtudes e não há dúvida que são, quando surgem no contexto apropriado. Mas até uma virtude pode ser levada a extremos. Se a responsabilidade e o autocontrole forem rigidamente mantidos em detrimento da expressão de sentimentos verdadeiros, uma parte do eu é negada. Quando as tensões não são liberadas e a raiva é reprimida, podem tornar-se mais fortes. Sabemos que isso acontece no desenvolvimento de úlceras. Será que podemos negar a possibilidade de que isso também aconteça no desenvolvimento do câncer?

Certamente precisamos ser responsáveis com relação às outras pessoas. Mas também precisamos ser responsáveis com relação a nós mesmos. O delinqüente juvenil, recusando-se a aceitar sua responsabilidade pelos demais, manifesta sua raiva através de atitudes anti-sociais. Mas será que a pessoa, cujo senso de responsabilidade com relação aos outros elimina o senso de responsabilidade com relação

73

a ela mesma, não poderia descarregar sua raiva em si própria? Em seu livro *How Will You Feel Tomorrow*, o Dr. Samuel Silverman da Harvard Medical School observa que quando a raiva, a tristeza ou a preocupação não encontram uma válvula de escape, acabam afetando o corpo. "Se houver uma tendência latente para desenvolver um câncer", escreve, "a incapacidade para expressar seus sentimentos irá atingir o corpo em algum ponto vulnerável." Atualmente, os pesquisadores amiúde acreditam que as células cancerígenas estão quase que constantemente presentes em todos nós, mas que, em circunstâncias normais, nosso "sistema imunológico contra o câncer" encontra e destrói essas células anormais, impedindo seu crescimento ou disseminação. A questão ainda é saber quais são as circunstâncias anormais que podem impedir o sistema imunológico de realizar o seu trabalho. Qual o mecanismo físico do corpo que é suficientemente influenciado pelos fatores psicológicos, formando uma ligação entre as emoções e o colapso do sistema imunológico contra o câncer?

As pesquisas atuais apontam para o sistema endócrino e os hormônios que ele produz. Sabemos que determinados hormônios afetam o crescimento e a disseminação do câncer. Também sabemos que fatores psicológicos podem alterar o equilíbrio hormonal. Vernon Riley mostrou que o estresse ambiental pode diminuir o período necessário para o desenvolvimento de tumores mamários em ratos. O Dr. John W. Mason, do Instituto de Pesquisa Walter Reed, demonstrou que o *estresse* produz uma ampla variedade de mudanças hormonais em macacos, e que determinados tipos de *estresse* produzem mudanças hormonais específicas.

São necessárias outras pesquisas antes que essa ligação possa ser determinada com precisão. Contudo, meu próprio trabalho com pacientes terminais de câncer convenceu-me de que essas pesquisas estão na direção certa. Com certeza, meus pacientes foram afetados por um padrão de estresse extraordinariamente consistente. Suas personalidades e histórias de vida expuseram-nos a determinados tipos de estresse, geralmente não encontrados em meus pacientes sem câncer. Com freqüência, quando esse estresse era atenuado, o crescimento do câncer ficava drasticamente afetado. Geralmente, essas mudanças ocorriam num período de meses ou anos. O tumor cerebral de John, por exemplo, foi diminuindo gradativamente num período de três anos. Mas, algumas vezes, as mudanças podiam ser observadas no decorrer de algumas horas.

Uma de minhas pacientes, uma mulher de 32 anos, tinha nódulos visíveis no pescoço e na região dos ombros, um sintoma da doença de Hodgkin. Quando iniciou a terapia comigo, surgiu um curioso padrão recorrente. Na tarde anterior à sessão de terapia, os nódulos tendiam a aumentar, e na tarde seguinte à sessão, tendiam a diminuir. Uma mudança bastante real no tamanho do tumor podia ser observada por ela e por seus familiares, no decorrer de algumas horas. Esse fenômeno ocorreu em cerca de metade das sessões de terapia e desapareceu depois dos três primeiros meses de terapia.

Outro caso, relatado pelo Dr. Albert Kean, radiologista com ampla experiência em Hodgkin, envolvia uma jovem de 19 anos que não estava fazendo psicoterapia. Seu único sintoma eram pequenos nódulos espalhados no pescoço; Kean decidiu mantê-la sob observação semanal. Durante três meses não foram observadas mudanças. Então, numa das visitas semanais, a jovem chegou com um dos lados do pescoço extremamente inchado. Os nódulos já existentes haviam aumentado muito e novos nódulos haviam surgido. Kean perguntou-lhe se acontecera alguma coisa incomum na semana anterior. A jovem contou que havia dito ao noivo que estava com a doença de Hodgkin. Ele queria muito ter filhos e sentindo que ela não poderia ter nenhum, desfez o noivado. Pouco depois, seu pescoço começou a inchar.

Diante dessa situação incomum, Kean pediu que o noivo fosse conversar com ele e discutiu o andamento da doença da jovem e seu prognóstico. O rapaz, já recuperado do choque provocado pela notícia, percebeu que realmente não se importava com a doença e que na verdade desejava casar com sua noiva. O jovem contou a ela o que sentia e, em três dias, os nódulos voltaram ao tamanho que tinham antes de o noivado ser desfeito. Durante esses três dias não foram utilizadas radiação ou outra terapia qualquer.

Naturalmente, essas ligações entre as emoções e as reações corporais são difíceis de ser estudadas pelos métodos científicos tradicionais. Contudo, os seres humanos sempre tiveram consciência de sua importância. Já vimos que Galeno, médico grego do século II, atribuía o surgimento do câncer a uma propensão à melancolia. Abordando a questão do mesmo ponto de vista, os médicos medievais tentaram explicar a personalidade de acordo com a presença ou a ausência de supostos componentes do corpo, como "bílis" e "fleuma" — uma tentativa primitiva para definir as atividades hormonais descobertas pela medicina moderna. Como nosso conhecimento sobre a fisiologia do organismo vem aumentando no decorrer dos séculos, algumas vezes os fatores emocionais têm sido relegados a um segundo plano. Há um século, Sir James Paget, uma das notáveis figuras nesse campo, referiu-se ao câncer desta maneira: "São tão freqüentes os casos em que a ansiedade profunda, a esperança adiada e o desapontamento, são rapidamente seguidos pelo crescimento e au-

75

mento do tumor, que não podemos duvidar que a depressão mental seja um poderoso complemento para as outras influências que favorecem o desenvolvimento da formação cancerosa." Essas idéias foram novamente esquecidas na primeira metade do nosso século, pois os métodos físicos de tratamento progrediram rapidamente. Assim, minha própria pesquisa inicial foi recebida com muito ceticismo pela comunidade médica. Mas agora, quando se torna cada vez vez mais claro que as explicações físicas — meio ambiente, infecções ou genética — não oferecem uma resposta global, um número maior de médicos e psicólogos buscam informações adicionais com relação à influência do estresse, da personalidade e das emoções.

Entre meus próprios pacientes, descobri que parecia haver uma correspondência geral entre o ritmo de desenvolvimento do câncer e o tempo transcorrido desde que o indivíduo perdera o senso de significado da vida, representado por um relacionamento vital. Quanto menor o período, mais rápido o desenvolvimento do câncer. Assim, pacientes nos quais um tumor era diagnosticado logo após a perda do relacionamento vital (seis meses a um ano) tendiam a apresentar um rápido desenvolvimento do tumor. Aqueles para os quais esse período era mais longo (dois a oito anos) tendiam a apresentar um desenvolvimento moderado ou lento. Obviamente, aqueles que apresentavam um desenvolvimento lento tinham melhores chances de sobrevivência.

Outros pesquisadores observaram reações semelhantes. O Dr. Bruno Klopfer, baseado apenas nos testes de personalidade, foi capaz de prognosticar com precisão de aproximadamente 80%, quais os pacientes que teriam um desenvolvimento lento do câncer e quais os que teriam um desenvolvimento rápido. "A única explicação que faz algum sentido para mim", disse, "é uma relação simbiótica entre o paciente e seu câncer. Se grande parte da energia vital do paciente for utilizada em defesa de um ego inseguro, o organismo parece não ter a energia vital para repelir o câncer... Entretanto, se uma energia vital mínima for consumida na defesa do ego, então o câncer encontra muita dificuldade para avançar."

Quase todos os meus pacientes eram considerados, do ponto de vista médico, casos sem esperança; seu câncer era terminal. Contudo, alguns realmente possuíam mais recursos do que outros, para lutarem por suas vidas. Aqueles que estavam totalmente desesperados, que haviam perdido mais profundamente o sentido de significado na vida, possuíam menos recursos.

Para lutar por sua vida, você precisa ter os recursos da auto-aceitação e auto-aprovação. Como psicoterapeuta, meu trabalho era ajudar meus pacientes a recuperar esses recursos para que pudessem lutar. Eu não podia curar o câncer. Mas podia ajudá-los a se interessarem o suficiente uma vez mais — por si mesmos e por aquilo que sua vida poderia ser — para que pudessem lutar contra a malignidade com toda sua força emocional recém-descoberta.

Durante os primeiros anos de minha pesquisa confirmei, para minha satisfação, que realmente havia uma ligação entre a personalidade e o câncer. Agora, estava começando a aprender o que poderia ser feito — o que precisava ser feito — para modificar a condição emocional que impedia meus pacientes de lutarem por suas vidas. E começara a aprender que para ajudá-los, teria de desenvolver um método de terapia inteiramente novo.

6

A PSICOTERAPIA E O PACIENTE DE CÂNCER

A filha de uma de minhas pacientes escreveu-me após a morte da mãe: "Sei que a cada dia que passava ela adquiria mais coragem e compreensão e estava aprendendo a lutar contra os temores que a cercavam. Para uma mulher como mamãe — suponho que para qualquer ser humano — uma doença como a dela poderia ter representado o temor final, encurralando-a totalmente e afastando-a do contato com outros seres humanos. Mas penso que, através do trabalho realizado com você, de algum modo ela conseguiu alcançar, através de sua doença, uma compreensão mais ampla não apenas de si mesma mas também das outras pessoas. Assim, por favor, não pense que seu trabalho foi em vão. Eu não acredito que uma coisa assim possa ter acabado em nada. De algum modo, ela se perpetua. Devido à mudança ocorrida em mamãe, meu pai e eu também mudamos e penso que isso influenciou os amigos que a visitavam. Por sua causa, os últimos meses de vida de mamãe foram cheios de esperança e de pensamentos sobre o futuro, até os últimos minutos."

Menciono essas palavras, não por uma questão de vaidade, mas porque representam muitas das dificuldades e potenciais da psicoterapia com pacientes terminais. Naturalmente, o potencial final dessa terapia é obter a "cura" ou a remissão do câncer. Em alguns casos, como veremos, esta meta foi atingida. Mas o terapeuta deve evitar despertar falsas esperanças. A terapia com um paciente terminal deve concentrar-se na expansão, crescimento e libertação do eu e não na recuperação física. Na verdade, o terapeuta precisa ter a coragem de dizer: "Não sabemos qual será o resultado, mas faremos o melhor. O trabalho psicológico que estamos realizando só pode ser benéfico. Ele o ajudará a descobrir que vale a pena lutar pela vida e, quanto mais lutarmos, melhores serão as nossas chances em tudo que fizermos. Porém, não existem promessas nem garantias. Não posso oferecê-las, da mesma forma que o universo também não pode." É comum o paciente achar essa abordagem aceitável. Como disse Laurens White: "Nossos pacientes não nos pedem para curá-los. Eles pedem que nos importemos com eles e cuidemos deles."

Com os pacientes de câncer, descobri que o simples fato de realmente *me importar* com eles tinha grande valor. Para o paciente, o fato de alguém acreditar nele o suficiente para trabalhar para ajudá-lo a adquirir maior autocompreensão e crescimento interior em meio à catástrofe, tem um efeito bastante positivo. O paciente também está bastante consciente de que talvez não possa "reembolsar" o terapeuta com um comportamento adequado durante um longo período no futuro. A psicoterapia tradicional é voltada para o futuro. A proposição básica comum desse tipo de psicoterapia é a de que o psicoterapeuta trabalha com um paciente para aumentar o valor de sua produtividade e de seus relacionamentos a longo prazo e, talvez, para melhorar seu ajustamento ao meio ambiente. É claro que esses objetivos não são válidos para o paciente com uma doença fatal.

Porém, se eu não podia trabalhar baseado nessas proposições, qual abordagem poderia ou deveria adotar? O filósofo Martin Heidegger oferece uma pista ao sugerir que a idade de um homem deveria ser avaliada não apenas em função do tempo que ele viveu, mas também do quanto ainda tem para viver. A partir dessa visão, é mais importante aquilo que a pessoa É e FAZ durante o tempo que lhe resta de vida; isto é, aquilo que sua vida representa em termos de sentimentos e compreensão, e não o tempo de sua duração, num sentido puramente cronológico. Na "terapia de crise" — que foi o termo que adotei para descrever os métodos e técnicas terapêuticos que desenvolvi para utilizar com pacientes terminais de câncer — podemos considerar a vida mais como uma extensão em valores do que uma extensão em tempo. "A duração necessária da vida vai até quando do um homem é sábio", escreveu Sêneca. Se uma pessoa tem uma hora para viver e, pela primeira vez, descobre-se totalmente a si mesma e à sua vida naquela hora, não será este um crescimento válido e importante?

Assim, quando comecei a trabalhar com pacientes de câncer, procurei despertar novamente a vida interior do indivíduo e liberar as forças que podem fazer com que a pessoa conheça, com toda a plenitude possível, a si mesmo e ao significado de sua vida e de sua morte. Se acreditarmos no valor do indivíduo e na qualidade sagrada da vida humana, nosso interesse não acaba com a aproximação da morte. A responsabilidade do terapeuta não está limitada a determinados estágios do desenvolvimento. Um paciente com um câncer abdominal bastante disseminado, disse à filha de vinte e um anos: "A morte não é nada. Ela é inevitável. Todos vão morrer. O que importa é *como* você vive e morre. É sobre isso que Larry e eu estamos conversando: *Classe!*" Essa afirmação foi feita após trinta horas de psicoterapia e era a prova de que havíamos percorrido um longo caminho. Essas palavras só poderiam ser ditas por alguém que começara a entender a realidade de sua vida e de sua morte.

Obviamente, precisei trabalhar meus próprios sentimentos relacionados à natureza terminal da doença de um paciente. Em qualquer psicoterapia individual, séria, há uma constante comunicação entre o inconsciente do paciente e o do terapeuta. Se os sentimentos do terapeuta estiverem mal resolvidos por ele estar trabalhando com alguém que está morrendo, fazendo-o sentir que seus esforços são inúteis e sem esperança, provavelmente esses sentimentos serão transmitidos ao paciente.

Minha abordagem ao trabalhar com pacientes terminais é dirigida à vida, e baseia-se na crença de que podemos procurar a melhor maneira de utilizar a nós mesmos, em quaisquer condições, por mais dolorosas ou desestimulantes que possam ser. Com freqüência, peço a meus pacientes que leiam *From Death Camp to Existentialism*, de Victor Frankl. Neste livro, Frankl descreve seu próprio crescimento e desenvolvimento interior durante o período em que esteve no único inferno jamais inventado pelo homem e que pode-se comparar ao inferno do paciente de câncer — os campos de concentração alemães.

Como o paciente de câncer geralmente perdeu o relacionamento central de sua vida antes mesmo do desenvolvimento do câncer, ele se sente muito sozinho e isolado dentro de um universo hostil e desinteressado. O terapeuta, com sua presença e interesse verdadeiro, pode oferecer um objetivo ao paciente, através do cálido contato humano; pode, ao proporcionar a oportunidade de um relacionamento intenso, estender uma corda ao paciente, unindo-o ao mundo e às outras pessoas. Com a restituição do contato e da ligação, tendo como foco principal a vida, e não a morte, o medo que o paciente sente da morte parece diminuir consideravelmente. À medida que a busca do eu continua, a vida adquire objetividade e excitamento. A sensação esmagadora de perda e isolamento desaparece e surge um sentimento de compromisso e envolvimento. O filósofo Kierkegaard escreveu: "Preciso descobrir a minha verdade — alguma coisa na qual possa me agarrar, apesar de o mundo estar se despedaçando ao meu redor." A nossa verdade realmente é um auxílio poderoso em períodos de catástrofe. Para o paciente com uma doença física fatal, essa descoberta é uma ferramenta que proporciona força, tranqüilidade e maior capacidade física para lutar pela vida.

O leitor já deve ter concluído que a abordagem da terapia de crise é um pouco diferente daquela da psicoterapia tradicional. Os métodos que desenvolvi para trabalhar com pacientes terminais de câncer baseiam-se em alguns conceitos que precisam ser muito bem compreendidos, para que a natureza da terapia de crise se torne clara. A psicanálise e as terapias que dela se originam, defendem um ponto de vista preciso, baseado em cinco itens que diferem da visão da terapia de crise. Estes cinco itens são:

1. O determinismo psíquico — o homem como máquina
2. A natureza moral básica do homem
3. A natureza da saúde mental
4. A questão básica que a psicoterapia deve tentar solucionar
5. A melhor maneira para um ser humano compreender outro ser humano

Para esclarecer o ponto de vista da terapia de crise, apresentarei em primeiro lugar a proposição psicanalítica em sua forma mais ativa (e talvez mais exagerada), seguida de minha própria proposição.

A partir do século XVII, houve um crescimento gradativo sobre o conceito da máquina. Originalmente, o conceito de "lei natural" significava que determinados fenômenos invariavelmente pareciam ser seguidos de outros — por exemplo, o congelamento da água em determinada temperatura. Mas, aos poucos, esse conceito passou a significar que todos os acontecimentos poderiam ser considerados determinados, obedecendo rigidamente a leis seqüenciais de causa e efeito. O próprio universo passou a ser considerado uma máquina gigantesca.

Uma vez que a psicologia, como as outras ciências, se desenvolveu a partir da mesma semente filosófica, era natural que seguisse a mesma orientação básica. O comportamento humano passou a ser considerado completamente determinado, como o trajeto das bolas de bilhar; e acreditava-se que se pudéssemos compreender as leis matemáticas básicas envolvidas, seria possível prever e controlar o comportamento humano com tanta precisão quanto era possível prever o trajeto das bolas de bilhar. Não era somente o cosmos que funcionava como um sistema mecânico preciso, mas o próprio homem. Como observamos num capítulo anterior, a maioria dos pacientes de câncer aceita sem restrições essa visão do universo, mas de forma extremamente negativa, pois acreditam que o desespero de suas vidas é inevitável. Este é um dos motivos por que a psicoterapia tradicional é ineficaz para os pacientes de câncer. Parte de seu desespero surge por acreditarem que suas vidas são totalmente determinadas. Uma abordagem terapêutica que compartilha dessa visão não pode se opor a ela com sucesso.

Na verdade, os seres humanos mais pareciam bolas de bilhar elípticas, sobre uma mesa empenada — assim, reconheceu-se que o comportamento humano era bastante complexo. Mas o princípio básico do homem como máquina estava implicitamente aceito. Esse ponto de vista permeava a área da psicologia, muito mais do que podemos perceber. Por exemplo, um estudo recente mostrou que a linguagem psicológica e psiquiátrica tem cinco vezes mais termos que sugerem "passividade" e "ser influenciado" do que termos sugerindo "ação", "auto-organização" e "comportamento autodirigido". Naturalmente, o paciente de câncer considera-se influenciado; para recuperar a percepção do eu, é preciso ação e auto-organização. Assim, novamente, torna-se óbvia a dificuldade das abordagens tradicionais com esses pacientes.

Os dois extremos da psicologia — a psicanálise e a teoria do condicionamento — adotam a proposição do homem-máquina. Freud escreveu: "Nós não vivemos; somos vividos por forças desconhecidas e incontroláveis." Para ele, o indefeso ego encontrava-se oprimido entre os poderosos impulsos do inconsciente e as rígidas paredes do superego. O livre-arbítrio era considerado uma ilusão. O outro extremo da psicologia — a teoria do condicionamento — afirmava que se pudéssemos ordenar matematicamente os fatores no condicionamento dos seres humanos, poderíamos prever e controlar com precisão absoluta o comportamento do homem.

Inegavelmente, é verdade que essa abordagem do comportamento humano proporcionou muitos conhecimentos e alguns resultados, *fazendo-nos* progredir e realmente *funcionando* em certas áreas restritas do comportamento humano. Certamente, não compreenderíamos os seres humanos, e as psicoterapias atuais não seriam válidas, sem o conhecimento proporcionado pela exploração desse conceito. Contudo, não podemos explicar satisfatoriamente, seja pela análise freudiana ou pavloviana, coisas como tragédia, beleza, coragem, lealdade, riso, amor ou heroísmo. Nem podemos auxiliar o paciente terminal a lutar por sua vida, se enfrentarmos essa tarefa a partir de um ponto de vista mecanicista. De acordo com ele, a "máquina" que o ser humano ocupa, seu corpo, já foi declarada avariada e sem condição de conserto — está virtualmente morta.

O psicólogo humanista Abraham Maslow expõe a questão desta maneira: "Quando desejamos conhecer pessoas ou sociedades, a ciência mecanicista fracassa completamente." Portanto, nessa questão fundamental, a terapia de crise adota uma abordagem totalmente diferente. Nela, o ser humano é considerado mais livre na área em que está mais saudável, onde se encontra menos limitado pelas rígidas necessidades do passado. O indivíduo é considerado ativo, capaz de tomar decisões e livre, dentro de certos limites — Paul Tillich utiliza um termo bastante apropriado — "liberdade finita" — e não passivo, controlado e predestinado. A terapia de crise considera que o paciente possui pelo menos tanto livre-arbítrio e tantas habilidades para transcender suas defesas inconscientes quanto o terapeuta. Essa abordagem enfatiza a dignidade do ser humano, sua capacidade para aprender, para dominar e transcender seus impulsos inconscientes e tomar decisões. Na verdade, a força e a dignidade da própria vida de Freud, seu profundo conhecimento sobre a doença e o sofrimento, sua recusa a tomar decisões fáceis, sua busca da verdade, ultrapassando suas próprias defesas, e sua imensa coragem, confirmam minha própria visão — que existem mais coisas na mente do homem além das forças inconscientes que controlam rigidamente um ego indefeso.

A segunda proposição na qual a psicoterapia de crise difere das abordagens tradicionais está relacionada à natureza moral básica dos seres humanos. Os séculos XVIII e XIX foram marcados por grandes polêmicas sobre esse assunto. De um lado, estava o Homem Natural, de Thomas Hobbes, "grosseiro, selvagem e frio". Do outro, o Selvagem Nobre, de Jean-Jacques Rousseau, "intocado pela civilização". Durante a era vitoriana, os efeitos combinados da Revolução Industrial e do darwinismo mal compreendido decidiram a discussão a favor de Hobbes. Os seres humanos passaram a ser vistos como essencialmente egoístas, narcisistas, homicidas, impulsivos e, no geral, não muito agradáveis. Acreditava-se que cabia à civilização reprimir e controlar esses elementos do id freudiano. A psicoterapia considerava sua tarefa a manipulação da personalidade para que ela atingisse sublimações melhores, menos dolorosas e mais eficientes, dos impulsos patológicos básicos.

No passado, entre descrições de pacientes e discussões da teoria da personalidade, era difícil encontrar declarações relacionadas às forças psicológicas positivas. Há vinte e cinco anos, quando comecei meu trabalho com pacientes de câncer, utilizar termos como "coragem", "força" (a não ser quando nos referindo à força do ego), "amor", "compaixão" ou "determinação" em uma conferência sobre psiquiatria ou psicologia, era procurar problemas com os colegas.

Quero esclarecer que quando me tornei terapeuta, minha orientação era bastante ortodoxa. Porém, quanto mais trabalhava com pacientes de câncer, tentando lidar com seus problemas especiais, passei a perceber cada vez mais que as abordagens e pontos de vista tradicionais simplesmente não funcionavam. Os aspectos negativistas da psicoterapia tradicional começaram a me incomodar com mais assiduidade e minhas opiniões se modificaram consideravelmente.

Incomodava-me bastante o fato de que, na visão tradicional, o comportamento positivo deveria ser visto como o simples resultado das combinações de mecanismos de defesa do ego — como a sublimação e a supercompensação — e que os impulsos positivos fossem considerados ilusões ou reações contra impulsos negativos. De acordo com essa visão, o pintor está basicamente procurando sublimar seu impulso de espalhar fezes — desculpem-nos, Rembrandt e Chagall. A procura de Deus era a busca da figura do pai perdido e, assim, filósofos como Bruno e Spinoza foram descartados. A tentativa de compreender o universo e o lugar que ocupamos nele é considerada uma intelectualização ou uma tentativa para descobrir o que *realmente* acontece no quarto de nossos pais — desculpem-nos, Freud, Einstein e Aristóteles.

Essa visão era tão abrangente que não se acreditava mais na honestidade do paciente. Lawrence Brody refere-se a essa reação como o "fenômeno Anhã": sempre que o paciente diz alguma coisa, o terapeuta internamente responde com um "Anhã, sei o que isso significa". Gordon Allport a descreveu como "uma espécie de desprezo pelo aspecto psíquico da vida. O relato consciente do indivíduo é rejeitado por ser considerado não confiável, e o impulso atual de suas motivações é desprezado em favor da exploração dos estágios anteriores de sua formação". Então, o paciente perde o direito à credibilidade.

A psicoterapia de crise rejeita esse ponto de vista. Eu a fundamentarei, ao contrário, na crença de que seus impulsos patológicos surgem quando o indivíduo é frustrado em sua tentativa de chegar até si mesmo e expressar os impulsos positivos à sua própria maneira. Os impulsos negativos são considerados naturais, porém secundários e não primários; eles se tornam predominantes somente quando o desejo de auto-realização é frustrado. Nas palavras de Karen Horney: "Acreditamos que o homem só se torna destrutivo quando não consegue se realizar plenamente."

Como vimos, o paciente de câncer quase invariavelmente despreza a si mesmo e às suas habilidades e possibilidades. Ele não pode ser ajudado se sugerirmos que está sublimando seus impulsos negativos. Ao contrário, seus impulsos positivos precisam ser libertados da caixa escura na qual se encontram trancados há tanto tempo. Ele não pode enxergar a si mesmo de forma positiva, a não ser que o terapeuta o enxergue assim.

Carl Rogers escreveu: "Um dos conceitos mais revolucionários a ser extraído de nossas experiências clínicas é o crescente reconhecimento de que a essência mais íntima da natureza humana, os níveis mais profundos de sua personalidade, a base de sua 'natureza animal', tem um caráter positivo, é basicamente socializada, progressista, racional e realista." Esta afirmação fundamental, talvez mais do que qualquer outra, resume meu ponto de vista ao desenvolver a psicoterapia de crise. Quanto mais livre e realizado o indivíduo, mais se comportará de modo social e pessoalmente positivo. O desejo de auto-realização e inteireza encontram-se nos níveis mais profundos do ser humano. Mas, para que seu potencial se concretize, é preciso haver um canal de saída — e é esse canal de saída que o paciente de câncer negou a si mesmo na tentativa de obter o amor dos outros, tornando-se a pessoa que *eles* desejariam que fosse.

A terceira proposição básica sobre a qual as duas abordagens à terapia diferem está relacionada à natureza da "saúde mental". Se uma delas enxerga o homem como uma máquina, fica bastante claro o que a saúde significa: a máquina deve ser mantida em bom "estado". Uma máquina deve estar ajustada ao seu ambiente. Não deve causar problemas nem transtornos. Deve agir de acordo com suas necessidades ambientais — neste caso, os costumes culturais de determinada sociedade. E, uma vez que o analista é um instrumento de cura com uma grande tradição a apoiá-lo, a máquina precisa funcionar com o mínimo sofrimento possível. Assim, na psicoterapia tradicional, a saúde mental é considerada um estado bem ajustado, assintomático, no qual o indivíduo funciona tão eficazmente quanto possível e com um mínimo de sofrimento.

Esse não é um objetivo a ser descartado com displicência. Todos os que já sofreram alguma perturbação psíquica conhecem o seu valor.

Mas a definição de saúde mental da psicoterapia de crise é um pouco mais complexa. Portanto, na psicoterapia de crise, chamo a atenção para aquilo que Carl Rogers denominou de "receptividade à experiência — a predisposição e o desejo de progredir dentro de nossa própria direção orgânica, natural". Ela não busca uma posição ou meta estática; o objetivo da psicoterapia é encorajar o entusiasmo pela vida, o prazer de crescer e desenvolver-se. A abordagem assemelha-se à do jardineiro que deseja ver sua íris tornar-se a melhor íris possível e a peônia, a melhor peônia possível. Na psicoterapia de crise, para cada indivíduo existe um objetivo diferente. Nela, cada pessoa tem uma canção especial para cantar; um ritmo especial a seguir, em termos de agir, reagir, relacionar-se e criar. Ao cantar sua própria canção, a pessoa sente entusiasmo e prazer da vida, e reconhece seu significado. Não devemos exagerar a importância dessa abordagem no trabalho com pacientes de câncer. Na maioria dos casos, o desespero dos pacientes surge porque eles não estão cantando sua canção única e especial. Durante toda a vida, tentaram cantar a canção de outras pessoas e este esforço provocou apenas frustraçaò e autodesprezo. Para eles, nada pode ser mais importante do que encontrar sua própria canção particular e aprender a expressá-la alto e bom som.

Sidney Jourard escreveu: "A cura está enraizada na estrutura do organismo total, e o melhor que o terapeuta tem a fazer é colaborar com a natureza, isto é, ajudar o organismo a funcionar à sua maneira, da forma mais eficaz e completa possível." Em minha opinião, a frase essencial dessa afirmação é "à sua maneira". O objetivo é ajudar o paciente a ficar em plena harmonia consigo mesmo para que possa reagir de modo completo e espontâneo. Os sintomas do paciente são considerados como o resultado da incapacidade de ser ele mesmo, e como padrões de comportamento que continuam bloqueando essa manifestação irrestrita do eu. Maslow abordou a questão muito francamente: "Parece bastante claro que os problemas de personalidade podem ser protestos veementes contra a compressão de nossos ossos psicológicos, de nossa verdadeira natureza."

Em muitas das histórias mencionadas nos capítulos anteriores, essa compressão dos ossos psicológicos destaca-se com a clareza de uma chapa de raios-x. O caso de John, que queria ser músico mas que se tornou advogado para agradar ao pai, é particularmente importante nesse contexto. Pois, não somente o desespero o abandonou logo que começou a "cantar sua própria canção", mas também seu câncer no cérebro, supostamente terminal, entrou em remissão. Gotthard Booth escreveu: "A doença é um lembrete do propósito da vida". E, no caso de John, essa afirmação era surpreendentemente verdadeira. Ao saber que iria morrer, John recusou-se a desistir; ele mesmo descobriu e entrou em contato com o Instituto de Biologia Aplicada, onde realmente pudemos ajudá-lo a lutar com sucesso por sua vida. A doença de John — e sua recuperação — estavam diretamente relacionadas a essa habilidade para expressar seu verdadeiro eu. Quando foi completamente impedido de atingir as metas básicas para sua auto-realização, ele mergulhou em profunda depressão, seguida pelo desenvolvimento do câncer. Mas, quando começou novamente a procurar atingir as metas que poderiam completar seu eu natural, tanto os sintomas psicológicos quanto os físicos desapareceram.

À medida que o indivíduo aprende a reconhecer quem ele é e tenta viver honesta e plenamente à sua maneira, há uma redução dos sintomas, tanto nos aspectos psicológicos quanto nos aspectos físicos de seu ser. Quanto mais expressa seu eu básico, de forma orgânica e natural, mais saudável tende a se tornar em todos os níveis. Quanto menos for ele mesmo, maior a tensão e a tendência à doença. Em *Dr. Jivago*, Boris Pasternak escreveu:

> A maior parte das pessoas precisa viver uma vida de duplicidade constante e sistemática. Sua saúde fatalmente será afetada se você, dia após dia, disser o contrário daquilo que sente, se rastejar diante daquilo que não gosta e exultar com coisas que lhe trazem apenas infelicidade. Nosso sistema nervoso não é apenas ficção, é uma parte de nosso corpo físico, e nossa alma existe no espaço e está dentro de nós, como os dentes estão dentro da boca. Ela não pode ser eternamente violada com impunidade.

Se quero ajudar um paciente a cantar sua própria canção, é preciso procurar o que está *certo* nesse paciente. Essa necessidade nos leva diretamente à quarta proposição básica, na qual a terapia de crise difere das abordagens tradicionais: a pergunta fundamental que a psicoterapia deve tentar responder. Nas terapias tradicionais, a pergunta é: "O que está errado com você?" Como conseqüência, são feitas duas outras perguntas: "O que provocou isso?" e "Como podemos nos livrar da causa?" Mas para mim, na terapia de crise, a pergunta básica é: "O que está certo em você?" e as perguntas decorrentes são: "Qual sua maneira especial de ser, relacionar-se, agir, criar?" e "O que está bloqueando sua capacidade de expressão?"

A diferença entre essas duas perguntas básicas faz com que uma atmosfera profundamente diferente predomine durante a terapia. Falando francamente (e talvez um tanto indelicadamente, para esclarecer a questão), como se sentirá uma pessoa a respeito de si mesma, após alguns anos de busca e de concentração em coisas que não são certas para ela? E como irá se sentir após alguns anos, procurando as coisas certas para ela?

Ao considerar o homem como uma máquina, as terapias tradicionais perguntam: "O que está provocando o mau funcionamento dessa máquina, e como podemos descobrir e consertar a peça danificada?" Ao enxergar o homem como um organismo empreendedor, explorador e realizador, a terapia de crise pergunta: "Como podemos ajudar esse indivíduo a chegar até si mesmo de modo mais pleno e rico?" Embora as duas abordagens utilizem muitos dos mesmos conceitos básicos — a enorme abundância de conhecimentos que

Freud e seus seguidores acumularam — uma das escolas aborda o paciente com a atitude do mecânico, a outra, com a atitude do jardineiro.

A proposição final na qual as duas abordagens diferem está relacionada à melhor maneira de as pessoas começarem a conhecer e compreender umas às outras. Na psicoterapia tradicional, a maior ênfase concentra-se na objetividade. Ela acredita que, através da observação imparcial do cientista, as dificuldades do paciente podem ser mais bem observadas e auxiliadas. A psicoterapia de crise não aceita este ponto de vista. Ao contrário, acredito que embora deva existir certo grau de objetividade, um pouco de habilidade para nos afastarmos e observar o quadro total, só compreendemos verdadeiramente uma pessoa quando interagimos com ela e reagimos como um eu total. Segundo esta visão, é preciso amar para compreender.

Sidney Jourard, em seu livro *The Transparent Self*, descreve um dos aspectos dessa necessidade de responder totalmente ao paciente: "Certamente nossos pacientes nos procuram porque se afastaram tanto de seus verdadeiros eus que são incapazes de mostrá-los aos seus companheiros na vida. Não vejo como podemos fazê-los reconhecer novamente seus verdadeiros eus submetendo-os a manipulações sutis, afastando deles nossos verdadeiros eus. Isso me faz lembrar de doentes guiando doentes."

Contudo, reagir com espontaneidade e sinceridade não é a mesma coisa que reagir com ingenuidade. Podemos usar o exemplo de dois motoristas no tráfego. Ambos agem espontaneamente, mas um deles dirige há uma semana e o outro, há cinco anos. A diferença é óbvia. Assim, na psicoterapia de crise, a espontaneidade é real, mas também é uma espontaneidade vivenciada, treinada, comprometida e inteligente. Como o terapeuta está participando do encontro terapêutico como uma pessoa, a ética e os valores o acompanham. Nas terapias tradicionais, fez-se uma tentativa real para manter a ética e os valores fora da terapia. Na psicoterapia de crise, faz-se uma tentativa real para incluí-los.

Clark Moustakas — cujo método é muito parecido com o meu — disse que o progresso na psicoterapia não ocorre "através do ajuste de condições, ou de objetivos predeterminados ou critérios de avaliação, mas através de encontros genuínos que, em sua verdadeira natureza, são espontâneos, imprevisíveis e únicos". A partir dessa visão, as sessões de terapia não são planejadas — elas acontecem. São imprevisíveis, vitais, vivas. Ao responder ao paciente como um pessoa inteira, tento convencê-lo a me encontrar; e, encontrando a mim, o paciente eventualmente pode também encontrar a *si próprio*.

A pergunta não é: "O que devo fazer com esse paciente para curá-lo?" Ao contrário, na frase de Carl Roger, ela é: "Como posso estabelecer um relacionamento que essa pessoa possa utilizar para seu próprio crescimento pessoal?" Como um terapeuta de crise, não estou pronto a "interpretar" cada afirmação feita pelo paciente. Acredito que é necessário ouvir e aceitar a possibilidade de o paciente saber sobre o que está falando. Aceito a probabilidade de que o sapato está apertando no presente tanto quanto apertou na infância, e que o paciente pode estar falando realisticamente e não simbolicamente. Afinal, o típico paciente de câncer sempre temeu revelar seu verdadeiro eu, convencido de que esse eu é inaceitável. Se o paciente perceber que o terapeuta não acredita que suas afirmações sejam totalmente verdadeiras, mas que "querem dizer alguma coisa", então seu sentimento de desespero será reforçado. Assim, a objetividade, que é a marca registrada das terapias tradicionais, só pode atrapalhar quando se trata de ajudar o paciente de câncer. É essencial haver um encontro aberto nas duas direções, para podermos restituir ao paciente sua auto-estima.

Nesse capítulo, apresentei cinco proposições filosóficas básicas, nas quais a terapia de crise difere bastante da psicanálise. Obviamente, essas diferenças nos conduzem a muitas técnicas psicoterapêuticas alternativas. Essas técnicas serão apresentadas em detalhes nos dois próximos capítulos. Além disso, algumas delas irão servir de base para métodos que o leitor poderá utilizar para combater os tipos de repressão emocional que criam um solo fértil para o desenvolvimento do câncer.

Devo salientar que as técnicas da terapia de crise foram utilizadas não apenas com meus pacientes de câncer, mas também com os pacientes sem câncer, que formavam o grupo de controle. Este grupo consistia de 88 pacientes que atendi individualmente durante mais de 8.000 horas de psicoterapia. Eles eram o tipo habitual de pacientes que freqüenta os consultórios das grandes cidades. Esses pacientes também reagiram muito positivamente à terapia de crise. Eles pareciam progredir com maior rapidez e facilidade do que aqueles que tratei anteriormente com técnicas baseadas nas tradicionais proposições filosóficas psicanalíticas. Assim, as perguntas que precisei fazer a mim mesmo quando tentava ajudar os pacientes de câncer a lutarem por suas vidas, fizeram-me compreender, sob uma nova luz, a natureza do encontro psicoterapêutico como um todo.

7

QUERO VIVER

Durante a 7ª sessão de terapia com Donald, houve o seguinte diálogo:

DONALD: Tenho medo do meu câncer. Eu quero viver.

LESHAN: Por quê? A vida de quem você quer viver?

DONALD: Eu a detesto! Eu jamais vivi minha própria vida. Sempre havia tantas coisas para fazer. Tantas coisas para... Nunca consegui viver minha vida.

LESHAN: Você nem mesmo foi capaz de descobrir como ela era.

DONALD: É por isso que eu bebo. As coisas ficam melhores. Menos sombrias.

LESHAN: Talvez a melhor maneira fosse descobrir qual é o seu estilo de vida e começar a vivê-lo.

DONALD: Como posso fazer isso?

LESHAN: É o que estamos tentando fazer aqui.

Como discutimos no capítulo anterior, o "seu estilo de vida" é diferente para cada paciente. Mas a meta é sempre a mesma: mobilizar os recursos da pessoa de modo a despertar novamente suas forças vitais criativas. Apesar da grande quantidade de estudos no campo da filosofia, psicologia e psiquiatria, ainda não foi formulada nenhuma maneira proveitosa de conceituar as forças de vida e de morte do indivíduo. Baseados em dados clínicos e experimentais sabemos que o "desejo de viver" varia de indivíduo para indivíduo em diferentes períodos de sua vida. Sabemos também que essa variação pode ter efeitos profundos na resistência do organismo ante o estresse e os processos de doença. Os fatores psicológicos relacionados ao desejo de viver podem, em determinadas condições, proporcionar ao indivíduo uma habilidade quase inacreditável para lidar com a doença ou o estresse — ou, por outro lado, enfraquecê-lo tanto, a ponto de ele morrer, apesar da ausência de causas físicas observáveis.

Como observamos, para os pacientes terminais de câncer, a vida tem sido dominada por um problema que eles precisam solucionar mas não conseguem. A perda de sua força vital geralmente está relacionada a esse problema não resolvido. Uma paciente, referindo-se a um período de cinco anos antes dos primeiros sinais de seu câncer, comentou: "Se olhasse para a frente, não havia nada que pudesse enxergar, a menos que eu enganasse a mim mesma." Outro paciente, no início da terapia, disse: "Aquilo que eu realmente desejava na vida jamais conseguirei ter. Aquilo que posso ter, na verdade eu não desejo. Nunca haverá uma saída para mim." Uma terceira paciente tinha um lema que, para ela, parecia simbolizar toda a sua vida: "Se a rocha cai sobre o ovo — coitado do ovo. Se o ovo cai sobre a rocha — coitado do ovo." É essa atitude fundamental que o terapeuta deve combater — e o mais rápido possível.

Um paciente pode desejar viver e lutar pela vida por razões diferentes. Donald, o paciente mencionado no início deste capítulo, expressou as duas razões mais freqüentes de uma só vez: o medo da morte ("Tenho medo do meu câncer"), e o desejo de viver ("Eu quero viver"). Mas a experiência clínica mostra que nos casos de graves doenças físicas, o medo da morte não é uma ferramenta muito poderosa. O medo da morte não parece juntar os recursos do indivíduo ou aumentar a resistência contra o processo da doença. Com certeza, ele não ajuda o paciente a expandir sua personalidade para concretizar seu potencial. Pelo contrário, ele o restringe e limita. O medo da morte é uma emoção essencialmente negativa. O desejo de viver é uma arma muito mais poderosa, positiva e libertadora. Ele oferece ao paciente e ao terapeuta alguma coisa pela qual trabalhar.

Mas de que modo o desejo de viver pode ser completamente renovado naqueles que se sentem derrotados pela vida? Como Donald, mesmo quando dizem "eu quero viver", eles amaldiçoam a vida que viveram e que estão vivendo. Portanto, ao mobilizar o desejo de viver, precisamos em primeiro lugar possuir metas no futuro, que sejam profundamente importantes para o paciente. Precisamos de um ideal pelo qual trabalhar. Maslow salientou que cada cultura possui seu próprio ideal. Esses ideais incluem o "herói", o "santo", o "místico", o "cavalheiro" e outros. Contudo, em nossa época, tendemos a desistir desses ideais. Lutamos para ser "bem ajustados". Mas o ideal de ser bem ajustado tem pouco valor para nos impulsionar em direção ao futuro. Quem trabalharia duro e durante muito tempo, sofreria dores, lutaria pela vida, simplesmente para ser "bem ajustado"? Mas, o ideal do eu completo e satisfeito, de desenvolver nosso próprio ser à nossa maneira especial, de alcançar a liberdade de sermos totalmente nós mesmos sem medo — é um objetivo aceitável em nossa cultura, bem como merecedor de nossa luta e sofrimento. Naturalmente, o problema é que a maioria dos pacientes de câncer há muito desistiu da esperança de realizar o eu. Geralmente, já julgaram e condenaram seu eu interior, acreditando que ele é inaceitável.

Logo no início da terapia de Joan, houve o seguinte intercâmbio:

LESHAN: Você não acha que está na hora de começar a se preocupar com você e parar de se preocupar com as reações das outras pessoas a você?

JOAN: Mas elas são importantes. Esse é o nosso dever. É o que eu preciso fazer.

LESHAN: Algumas vezes nosso dever é cultivar nosso próprio jardim. O jardim em nosso quintal, na frente de nossa casa ou aquele que está em nosso coração.

JOAN: De que adianta cultivar um pequeno canteiro cheio de pedras e cercado por uma sebe densa e alta?

LESHAN: É assim que você vê o seu coração?

JOAN: É.

Para um paciente que se sente desse modo com relação a si mesmo, não é suficiente dizer: "Você tem todas as razões para viver", mesmo quando esta afirmação é reforçada por uma lista de tudo aquilo que o paciente possui. O profundo interesse e envolvimento com a vida, que são fundamentais ao desejo de viver, não podem ser despertados através da lógica e da razão. A abordagem deve ir mais fundo — despertando a fé no eu e o interesse por ele. O desespero do paciente deve ser contra-atacado por alguma coisa tão profunda quanto o ele próprio. A fé do terapeuta no paciente deve ser suficientemente forte para vencer a aceitação da desesperança pelo paciente.

Quando digo "fé" no paciente, uso o termo no sentido da afirmação de Paul Tillich: "Fé é o estado de estar definitivamente interessado." Interesse definitivo, significa interesse fundamental. Outros interesses — o interesse do terapeuta por si mesmo e por seu próprio ego, por sua dor quando o paciente morre, por seu orgulho — devem ser secundários e, algumas vezes, sacrificados. Naturalmente, a fé do terapeuta precisa ser real — ela não pode ser simulada.

Essa é uma das razões por que o fardo do paciente — dos muitos pacientes terminais — precisa ser aliviado. Quando iniciei meu trabalho com pacientes de câncer, houve um período em que todos os meus pacientes eram terminais e eu trabalhava catorze horas por dia. Essa situação provocava muita tensão. A natureza da terapia de crise exigia que eu desistisse de mim mesmo tão completa e sinceramente quanto possível, em favor do paciente. Mas ninguém consegue se dar continuamente, sem descanso. Ao tentar fazê-lo, descobri que isso era ruim para mim e para meus pacientes. Lembro-me, com nitidez e sofrimento, de estar sentado no quarto de hospital ocupado por Joan e de ter sido incapaz de ajudá-la verdadeiramente. Ela estava à beira da morte. Eu sabia disso e ela também. Mas, por causa da tensão provocada por tratar de tantos pacientes de câncer, e das mortes de tantas pessoas que eu amava, eu me tornara, temporariamente, um "caso de desgaste", nas palavras de Graham Greene. Naquele momento, Joan precisava do contato humano amoroso, mais do que jamais precisara, mas eu estava tão exausto que, apesar do esforço, só conseguia estar presente naquele quarto como uma concha vazia e não como um ser humano. Joan percebeu isso e confirmou suas piores suspeitas com relação a si mesma e à sua vida. Aquele foi, sem dúvida, o pior momento de todo o meu trabalho com pacientes de câncer. Eu falhara com Joan, exatamente como ela sempre esperava.

Essa experiência me ensinou, de uma vez por todas, que eu não poderia ajudar muitos pacientes terminais ao mesmo tempo. Não acredito que algum terapeuta possa. É fundamental que as pessoas que realizam terapia com vítimas do câncer também atendam outros tipos de pacientes. Mesmo assim, o desgaste emocional é considerável. Portanto, é vital que o terapeuta tenha consciência de seus próprios recursos interiores e de seus limites. Quando começamos a trabalhar com um paciente terminal, não é fácil interromper o trabalho na metade; se a terapia for abandonada, é provável que precipite uma forte reação depressiva. Na verdade, é melhor não começar do que começar e não terminar. "Quem monta no tigre, não pode desmontar", diz o velho ditado. Igualmente, quem assume um compromisso com um paciente que está morrendo, não pode abandoná-lo. (Durante o primeiro ano de terapia com determinado paciente de câncer, as férias do terapeuta — e eu posso afirmar que elas são absolutamente necessárias — devem ser cuidadosamente planejadas. Enquanto outros tipos de pacientes talvez sintam ansiedade, os pacientes de câncer muitas vezes apresentam mudanças biológicas negativas. O terapeuta deve estar preparado e preparar o paciente para isso.)

O objetivo da terapia de crise é bem expressado na história do místico chassídico, rabino Zusia, que disse: "Quando eu morrer, Deus não irá me perguntar por que eu não fui Moisés. Ele irá me perguntar por que eu não fui Zusia." A maioria dos pacientes de câncer, como vimos, rejeitou seu verdadeiro eu; e, ao mesmo tempo, fez a si mesmo exigências impossíveis, que nunca poderiam ser atendidas, nem pelo próprio Moisés. Como Virginia, cujas palavras foram citadas no Capítulo 4, mesmo o fato de ganhar o concurso de Miss Universo e ser a causadora da extinção de todos os concursos futuros, não seria suficiente para convencer esses pacientes de seu valor.

Contudo, o fato de um paciente estar sofrendo de uma doença *terminal* torna mais fácil ajudá-lo. Em primeiro lugar, existe uma grande disposição do paciente para aceitar as possibilidades da psicoterapia. Sabendo que a morte está próxima, existem menos motivos para esses pacientes lutarem contra a revelação de seus verdadeiros eus — algumas vezes, parece que eles não sentem tanto medo dessa revelação porque não esperam viver o suficiente para lidar com as conseqüências desse ato. Um paciente, por exemplo, soube que estava com uma doença fatal e que iria morrer em breve. Submetendo-se a um novo tipo de quimioterapia, seu câncer diminuiu e desapareceu. Quando estava para ser liberado do hospital, disse a seu médico: "Doutor, você talvez não tenha percebido, mas meu maior problema não era saber que eu ia morrer. É saber o que fazer com minha vida agora que estou recuperado." Esses pacientes perderam tanto o contato com seus próprios recursos interiores, com a nascente original de onde fluem os seus desejos, que parecem estar dizendo, nas palavras de Samuel Beckett:

> Para onde eu iria, se pudesse ir, quem eu seria, se pudesse ser, o que eu diria se tivesse voz, quem disse isso, se isso sou eu?

Mas agora que a batalha contra eles mesmos parece ter acabado, estão dispostos a baixar um pouco a guarda. Uma brecha foi aberta em sua couraça. Além disso, parece haver uma necessidade renovada de "arrumar a casa", uma curiosidade fatalista de saber por que jamais conseguiram entrar num acordo com eles mesmos. Essa curiosidade nem sempre é livremente expressa, mas está lá e oferece ao terapeuta mais uma possibilidade na qual se apoiar. A curiosidade ainda não é a compreensão ou a aceitação — mas é um solo fértil para se plantar as sementes da celebração total do eu.

Assim, descobri que se pudesse transmitir ao paciente minha própria fé nas possibilidades humanas, bem como minha dedicação por encontrar aquele manancial dentro do paciente, ele em geral se mostra disposto a prosseguir. Entretanto, essa comunicação só pode ser alcançada pelo encontro, *sentindo* o paciente de modo tão completo e honesto que ele possa *saber* quem eu sou e aquilo em que fielmente acredito. Se um paciente pergunta o que penso ou sinto sobre determinado assunto, eu lhe digo o que verdadeiramente penso. Nesse trabalho não existe nenhum esconderijo, nenhuma máscara simuladora, nem por parte do terapeuta nem por parte do paciente. Os problemas são muito grandes, os riscos muito elevados, para se adotar meias-medidas. Descobri que preciso transpor a parede que geralmente separa as pessoas e me "envolver" totalmente com o paciente. Carl Rogers explica dessa maneira:

> Descobri que quanto mais posso ser genuíno num relacionamento, mais proveitoso ele se torna. Isso significa que preciso ter consciência de meus próprios sentimentos, tanto quanto possível, em lugar de simular uma atitude exterior, quando na verdade, num nível mais profundo ou inconsciente, mantenho outra atitude. Ser genuíno também envolve o desejo de ser e de expressar, através de minhas palavras e de meu comportamento, os diversos sentimentos e atitudes que existem dentro de mim. Somente dessa forma o relacionamento pode adquirir *realidade*, e a realidade parece extremamente importante como primeiro requisito. Somente proporcionando a genuína realidade que existe em mim, a outra pessoa poderá ser bem-sucedida na busca da realidade que existe dentro dela.

A honestidade do terapeuta é de importância fundamental. Uma mentira entre o paciente e o terapeuta (mesmo que o terapeuta não seja "pego" mentindo) rapidamente destrói qualquer validade da terapia, transformando-a numa mera discussão sobre assuntos admissíveis entre conhecidos. Com uma única exceção, todos os meus pacientes sabiam que seu estado era considerado sem esperanças, do ponto de vista médico. A exceção foi Judith, uma brilhante e adorável jovem de 24 anos de idade. Seus familiares me procuraram e disseram que Judith gostaria de fazer psicoterapia, que tinham ouvido falar de meu trabalho e queriam que eu a atendesse, mas com a condição de eu concordar em não contar que estava com câncer.

Eu aceitei, porém com muitas dúvidas. Judith disse que estava lá para discutir problemas pessoais e conjugais. Acrescentou que tivera um problema de artrite nas costas que ocasionalmente provocava dor, mas que a radiação parecia estar ajudando. Apesar da ligação e respeito mútuos entre nós, durante alguns meses houve poucos progressos. O *insight* e a compreensão não pareciam provocar nenhuma mudança em seus sentimentos ou em seu comportamento. Então, ela começou a sonhar que estava sendo seguida por alguma coisa perigosa; até acordada, tinha essa sensação. Aos poucos, sua ansiedade e a sensação de isolamento aumentaram. Ela parecia precisar cada vez mais de muita energia psíquica para manter o conhecimento de seu estado em níveis inconscientes. Obviamente, ela sabia que algo estava seriamente errado, mas não desejava admiti-lo. Muito apreensivo, chamei seu marido e disse-lhe que iria contar a verdade a Judith em minha próxima visita. Disse que minha responsabilidade era com ela e não com quaisquer promessas que eu fora suficientemente estúpido para fazer à sua família. Ele concordou em esperá-la no carro após o encontro. Em nossa sessão seguinte, quando comecei a discutir seu "problema nas costas", Judith mostrou-se resistente e desconfortável. Certamente, ela desejava mudar de assunto. Eu insisti, descrevi seu estado dando-lhe um nome, e disse a ela que embora fosse bastante grave, muita coisa poderia e seria feita, na tentativa de controlá-lo — ninguém a estava "abandonando" ou renunciando à esperança. Ela escutou com atenção e fez perguntas sérias e inteligentes. Quando deixou o consultório, não parecia deprimida.

Na sessão seguinte, ela me disse: "Quando você começou a falar sobre minha doença na semana passada, fiquei muito zangada com você. Quando fui para casa, ainda estava indignada. Então, de repente, foi como se um tremendo peso houvesse sido retirado de meus ombros. Senti-me melhor e mais relaxada como não me sentia há meses."

Continuou, contando que, durante aquela semana, ela e o marido tornaram-se mais próximos e conversaram muito, como havia tempo não o faziam. A sensação de isolamento e ansiedade desapareceu e não reapareceu até sua morte, um ano e meio depois. A terapia começou a apresentar progressos reais, e ela foi capaz de fazer e apreciar coisas que anteriormente jamais haviam sido possíveis para ela.

Só cometi o erro de mentir para um paciente — ou juntar-me a uma conspiração de mentiras — naquela vez. Todos os meus outros pacientes conheciam seu verdadeiro estado antes do tratamento ou eram auxiliados a escutar a verdade — e a discuti-la abertamente — quando eram informados de sua condição, na primeira sessão. Acredito que não vale a pena adotar nenhuma outra abordagem, pois se o terapeuta não diz a verdade, só conseguirá transmitir ao paciente seu próprio medo daquilo que o paciente teme, assim como sua incapacidade para lidar com a verdadeira situação.

Naturalmente, a honestidade não pode se limitar a essas questões fundamentais; ela deve fazer parte do relacionamento entre terapeuta e paciente em todos os níveis. A honestidade do encontro elimina a bondade. Na maioria dos casos, a bondade representa não somente um escudo autoprotetor para o próprio terapeuta, mas também sugere uma posição de superioridade. É necessário existir empatia, não compaixão. E a empatia deve ser mútua. Precisamos ter um contato perfeito com o paciente antes que ele possa aceitar o contato com seu próprio eu e sua própria vida.

Podemos fazer analogia com um problema psicoterapêutico que surge durante um trabalho muito intenso com esquizofrênicos. Entre o inconsciente do terapeuta e o inconsciente desses pacientes, existe apenas o ego do terapeuta. O terapeuta corre o perigo de ser arrastado para uma realidade esquizofrênica. Na terapia de crise, há uma tentativa deliberada para inverter esse processo. Nela, existe apenas um sistema defensivo entre o ego do paciente e o ego do terapeuta — o sistema defensivo do paciente. Assim, o paciente corre o "perigo" de ser arrastado para o mundo no qual, basicamente, deseja tanto entrar, embora sinta medo.

O encontro honesto entre paciente e terapeuta torna claro para o paciente de câncer que o terapeuta o aceita sem restrições e, portanto, sem medo. Assim, os pacientes começam a questionar o próprio medo de encontrarem a si mesmos. Somente quando esse "encontro" for realizado, o processo da psicoterapia torna-se real para o paciente de câncer. Sem ele, os pacientes muitas vezes podem colaborar e trabalhar muito, mas continuam intocados em seu âmago.

Um sinal da sinceridade do encontro é o fato de, com freqüência, os pacientes se sentirem livres para apontar meus próprios erros de julgamento. Na verdade, aprendi muito com eles. Uma paciente, por exemplo, me disse: "Você tem um hábito que sempre me irrita. No final de cada sessão, resume aquilo que fizemos e aprendemos. Se eu já não tivesse uma idéia disso, não acho que entenderia ouvindo-o recitar tudo, insistentemente, outra vez. Provavelmente isso é bom para alguns pacientes, mas não para mim." E ela tinha razão. Percebi que realmente tinha esse hábito e que o generalizara, porque ele se mostrava proveitoso para alguns pacientes.

Como assinalei no capítulo anterior, esse tipo de encontro honesto é absolutamente contrário à maior parte da orientação psicoterápica no passado. Fomos treinados a *não* encontrar o paciente como pessoas abertas e inteiras, mas sim, a nos esconder por trás de nossas máscaras profissionais, observando e reagindo *ao* paciente em lugar de interagir *com* ele. Mas, sem essa interação, o paciente jamais se convencerá de que o terapeuta de fato se interessa, realmente tem fé. E, a não ser que o paciente esteja convencido disso, ele não desejará iniciar o encontro com ele mesmo, o que poderia mobilizar sua vontade de viver.

Nesse contexto, devo esclarecer que jamais tive um paciente que me fizesse perguntas pessoais indelicadas ou uma pergunta que eu teria preferido não responder. A aceitação de meu direito à privacidade tem sido unânime. Mas a privacidade do paciente também é respeitada. Desde o início da terapia fica bastante claro que o paciente *não* precisa contar tudo ao terapeuta, que ele tem direito à privacidade, e que se não quiser discutir determinadas coisas, pode dizer isso e mudar de assunto.

Pode parecer que esse "direito à privacidade" desmente a idéia de um encontro honesto. Na realidade, ele a reforça. Ao proporcionar ao paciente o direito à privacidade, a percepção de si mesmo como um adulto, e não como o filho simbólico do terapeuta, é intensificada. Uma atitude de respeito com relação ao paciente enquanto adulto tem o objetivo adicional de impedir a formação de uma neurose de transferência. Uma vez que o terapeuta é "transparente" e, portanto, realisticamente percebido como uma pessoa com forças e fraquezas, ele não se transforma em uma tela imaginária sobre a qual o paciente pode projetar suas necessidades inconscientes. Ao contrário, forma-se uma dependência realista — como a que se tem por um guia que "conhece o caminho". Uma medida do progresso na terapia, da qual ambos os participantes devem estar conscientes, é a perda gradativa da dependência e um correspondente novo crescimento do paciente em direção à sua individualidade total.

Judith resumiu muito bem essa relação quando me enviou um cartão de Natal, onde escreveu: "Obrigada por ser meu aliado." Ela não queria dizer um aliado em seus conflitos com os outros, mas na batalha por seu próprio ser total. Outra paciente disse, um dia, muito alegremente: "Sabe, agora Joe [seu noivo] é muito melhor do que você para discutir problemas de trabalho, e May [uma velha amiga com quem recentemente criara um relação muito mais íntima do que a que existia anteriormente] é melhor para eu conversar sobre Joe. Estou começando a me afastar de você."Ambos concordamos que esses eram passos reais na estrada de nossos objetivos na terapia. Essa paciente não estava apenas dizendo "Eu quero viver", mas estava nitidamente começando a encontrar os caminhos nos quais poderia viver mais plenamente.

Eu disse que a honestidade exigida pela terapia de crise elimina a bondade. Ela também elimina a cautela. A abordagem não pode ser cautelosa ou experimental. Moustakas salientou que a pessoa cuidadosa está apenas a um passo da pessoa mesquinha. A terapia de crise exige intensa concentração, interesse e aceitação quase absolutos, mas não cautela. Se o terapeuta tiver restrições com respeito a encontrar totalmente o paciente, este logo as percebe, reforçando suas restrições com relação a encontrar a si mesmo. Mas se o encontro puder ser realizado sem cautela por parte do terapeuta, e sem segunda intenção, a parede que separa o paciente dos seus próprios recursos interiores começará a ruir.

A psicoterapia, para o paciente que está envolvido numa luta de vida ou morte, não pode lidar apenas com os aspectos técnicos da personalidade, como nos livros especializados. Questões mais importantes são muito prementes, muito iminentes. Os valores PRECISAM ser explorados. Como expressou-se Alma: "Quando perguntas importantes são feitas, você não pode esquecê-las. Você só pode ignorá-las se ninguém as fizer." A morte — a figura em segundo plano — faz as perguntas, e o terapeuta deve juntar-se ao paciente em busca das respostas que tenham significado para ele. No próximo capítulo, ilustrarei em detalhes os métodos abordados nessa busca. Algumas dessas técnicas também podem ser utilizadas para ajudar pessoas cujos padrões de personalidade e história de vida podem torná-las particularmente vulneráveis ao câncer, mesmo que a doença ainda não tenha surgido.

Em geral, essas técnicas visam auxiliar o paciente a descobrir seus verdadeiros valores — quem ele é, que tipo de pessoa ele é, e qual o tipo de relacionamentos que fariam mais sentido e seriam mais recompensadores e satisfatórios para ele. Pois, quando um paciente nega seus verdadeiros valores e procura ser amado somente nas condições estabelecidas pelos outros, então inevitavelmente a vida começa a parecer uma séria de frustrações e desapontamentos intermináveis — desapontamentos não apenas com os outros mas também com o eu. E a vontade de viver, sufocada pelo autodesprezo, pode muito facilmente ser envolvida pelo desespero.

Se desejamos que a vontade de viver floresça, o indivíduo deve viver de acordo com seus próprios valores, e procurar ser amado por aquilo que ele é. Esse sistema de valores é belissimamente expresso por são Francisco no poema do romancista grego Kazantzakis:

Eu disse à amendoeira:
"Irmã, fale-me de Deus",
E a amendoeira floresceu.

8

O TERCEIRO CAMINHO

Após algumas sessões com Betty, uma jovem de 20 anos que estava com a doença de Hodgkin, ofereci-lhe a seguinte interpretação a respeito das coisas que dissera sobre si mesma durante as semanas anteriores:

"Você sente que só existem dois caminhos possíveis para seguir na vida e acha que precisa escolher um deles. O primeiro caminho é ser você mesma e expressar o que sente em determinado momento. É ser espontânea e emocional, sensível e carinhosa, deixando que os outros vejam quem você é e o que sente. Mas, tem certeza de que se fizer isso, todos irão se afastar e rejeitá-la, e você ficará novamente sozinha. O segundo caminho é ser uma 'boa menina', como mamãe quer que você seja, ter modos e sempre fazer exatamente aquilo que esperam de você, aceitando as exigências do mundo e de Mrs. Grundy*. Nunca se expressar livremente, mas estar sempre consciente dos desejos e expectativas dos outros. Se seguir esse segundo caminho, as pessoas irão aceitá-la, amá-la e cuidar de você. Mas, como ninguém saberá como você se sente e quem você é, elas não estarão amando você, mas uma máscara e, portanto, você ficará tão sozinha como se tivesse seguido o primeiro caminho."

---

* Referência ao grundyismo, que significa convencionalismo, numa alusão à comédia de Thomas Morton *Speed the Plough* (1798), cujas personagens perguntam constantemente: "Que dirá Mrs. Grundy?"

Nesse ponto, reparei que Betty estava sentada na beirada da cadeira, inclinada para a frente e escutando atentamente cada palavra. Ela estava nitidamente *envolvida* com aquilo que eu dissera. Continuei:

"Porém, essas não são as únicas alternativas para você. Existe um terceiro caminho."

Com voz estridente e angustiada, como se as palavras estivessem sendo arrancadas de dentro dela, essa jovem geralmente tranqüila e serena, gritou: "Qual?"

Outro paciente, Ben, que tinha 48 anos, recebeu uma interpretação semelhante a respeito de sua atitude básica, em nossa sexta sessão:

"Durante o tempo todo você sente que quando age e fala de uma forma que revela quem você *realmente* é e como *realmente* se sente, você é criticado e tratado com raiva e desprezo. E isso faz com que sinta com muita intensidade aquilo que sempre sentiu a respeito de si mesmo — que não é um bom sujeito, que é uma pessoa horrível e que seria melhor estar morto. Mas, se você fala e age do modo como os outros parecem esperar que o faça, eles o respeitam e admiram e você fica deprimido e desesperado e deseja estar morto. E essas são as duas únicas maneiras de agir e falar que conhece e você sente que não existe nenhuma saída."

Ben respondeu: "É exatamente isso. Não importa o que eu faça, sei que não posso vencer. Durante toda a vida tentei e tentei e nunca funcionou e nunca irá funcionar, e eu sempre soube que o *slogan* era: 'Santo Deus, você não pode vencer!' Não importa o que eu faça. Eu não sou supersticioso nem estúpido, nem estou dizendo 'Alguém lá em cima me odeia.' Acontece que comigo as coisas são assim."

Todos nós, de vez em quando, podemos enfrentar uma situação temporária na qual sentimos não existir nenhum terceiro caminho. Naturalmente, existe, mas somos incapazes de enxergá-lo. Contudo, a personalidade predisposta ao câncer, *sempre* tem essa sensação: é um aspecto fundamental de sua abordagem total à vida. E por isso, sente-se desesperada.

Ao lidar com o desespero, acredito ser vital tornar claro desde o início que compreendo o ponto de vista do paciente e entendo como surgiu esse desespero. Mas devo deixar igualmente claro que essa visão de mundo é falsa — que o problema pode ser solucionado. Além disso, enfatizo que a solução se encontra no paciente e não na situação externa. Se o paciente puder encontrar, aceitar e expressar a parte rejeitada de si mesmo, os outros irão aceitá-lo e responder a ele positivamente. Mas, para isso, ele precisa, em primeiro lugar, compreender que na realidade ele rejeitou a si mesmo.

Com freqüência, é um problema ajudar o paciente a perceber o quanto rejeitou a si mesmo e como ele se encontra afastado de seus verdadeiros sentimentos. Uma paciente, Arlene, disse que eu não sabia sobre o que estava falando quando disse que ela não só aceitara a rejeição dos pais, mas que também concordara com ela. Pedi-lhe para lembrar de um episódio de sua infância no qual se sentira magoada e tratada injustamente. Ela se lembrou e foi capaz de visualizar o episódio com muitos detalhes. No final desse episódio, ela fora para seu quarto chorar sozinha. Arlene foi capaz de "ver" essa cena com muita nitidez e até descreveu as roupas que estava usando. Pedi que imaginasse que tínhamos uma "máquina do tempo" no consultório. Ela iria entrar na máquina e, como a pessoa adulta que era agora, viajaria de volta àquele quarto e àquele momento de sua infância.

LESHAN: Agora, você está entrando — como você é atualmente — no quarto em que a pequena Arlene está chorando na cama. Você entra no quarto. Ela olha para você. O que você faz?

ARLENE: Eu bato nela!

A surpresa e o choque que Arlene sentiu ao se ouvir dizendo isso foi o primeiro passo em direção a uma importante reorientação para seu eu rejeitado.

Essa técnica da "máquina do tempo" foi essencialmente emprestada da extraordinária peça de Arthur Laurent, *A Clearing in the Woods*. Ela se mostrou bastante útil na terapia de crise. Nela, os pacientes geralmente começam a compreender que realmente perderam parte de si mesmos, que não estão inteiros e que *podem curar suas próprias feridas* aceitando a criança que existe dentro deles.

Podemos avaliar o progresso realizado, utilizando essa técnica a intervalos regulares, com o mesmo, ou com diferentes episódios da infância. O paciente e eu observamos a reação ao eu rejeitado. Esse procedimento foi utilizado diversas vezes com John e, a cada vez, ele "explicava" à criança que tinha sido, que tudo iria ficar bem e que não havia nada a temer. Sempre que lhe pedia para visualizar a situação, ele estabelecia uma relação tranqüila, do tipo professor-aluno, com seu eu rejeitado. Então, certo dia, ele teve um sonho.

"Havia uma plataforma comprida que ficava sobre a água'', disse. "Havia muitas pessoas na margem, mas ninguém sobre a plataforma, a não ser um menininho que se encontrava na extremidade. Ele estava com medo de cair e chorava. Eu estava caminhando sobre a plataforma em sua direção. Não sei por que eu estava andando por lá. Quando me aproximei, ele começou a correr em minha direção. Eu me ajoelhei e estendi os braços. Ele correu para eles e eu me levantei. Enquanto o carregava de volta para a margem, ele

102

parou de chorar. Eu senti que o amava." Quando John terminou de contar seu sonho, nós nos olhamos e as lágrimas escorriam em nossas faces. Para John, assim como para muitos outros pacientes, ocorreu uma grande mudança quando ele finalmente começou a amar a criança rejeitada que tinha sido. Aquela criança não estava mais "lá fora". Dentro dele, sempre existira um espaço vazio que finalmente fora preenchido — um espaço vazio que tinha exatamente o tamanho da criança que existira.

Logo depois, John dedicou-se novamente à música que abandonara duas vezes em sua vida para agradar aos pais e à esposa. Como dissemos antes, John atualmente toca numa orquestra sinfônica, e o tumor cerebral inoperável que o trouxe até mim, entrou em remissão durante muitos anos. Tendo percebido que, na verdade, amava o menino que desejava ser músico e não advogado como seu pai, e reconhecendo que nada ficaria bem a não ser que a criança rejeitada fosse aceita como seu verdadeiro eu, John mobilizou fortemente sua vontade de viver e lutou com sucesso por sua vida, contra todas as expectativas médicas.

Stuart, outro paciente, finalmente passou a aceitar o eu que rejeitara, de maneira semelhante à de John. Quando a técnica da "máquina do tempo" foi usada, Stuart lembrou de si mesmo como criança, deitado na cama, escutando os passos do pai no corredor. Seu pai, passando pela porta do quarto de Stuart, entrou no quarto do irmão mais velho para conversar um pouco com ele antes de dormir. Seu irmão mais velho, cujos interesses e personalidade eram muito mais parecidos com os do pai do que os de Stuart, era o filho preferido de seu pai. Stuart lembrou de estar sozinho, sentindo-se terrivelmente infeliz. Em razão da rejeição do pai, Stuart disse que pensara "Devo ter feito alguma coisa horrível". Mas não conseguia imaginar o que poderia ser: "Acho que senti que ser apenas *eu* é que era tão terrível."

Perguntei a Stuart o que gostaria de fazer ao abrir a porta e olhar para si mesmo, como a criança que estivera na cama, olhando fixa e ansiosamente para a porta. Ele respondeu: "Acho que eu sairia do quarto fechando a porta atrás de mim. Não tenho nada para dizer a ele."

Cerca de quarenta horas de terapia depois, a mesma cena foi novamente visualizada. Quando lhe fiz a mesma pergunta — o que gostaria de fazer ao abrir a porta — Stuart me olhou indignado e disse: "Tomá-lo em meus braços e abraçá-lo, é claro. O que mais você faria com uma pobre criança como essa?"

Com Maureen, mulher extremamente inteligente e capaz, que fora jornalista, a técnica avançou um pouco mais por sugestão dela

103

mesma. Ela escolheu uma cena de quando tinha dez anos de idade, mas descobriu que a criança que tentara "conhecer" não confiava nela, do mesmo modo como ela não confiava na "criança". Para destruir a barreira entre seu presente e seu passado, Maureen teve a idéia de conhecer a criança que tinha sido, entrevistando-a a fundo e então, anotando as entrevistas. Enquanto esse processo de aproximação continuava, Maureen descobriu que estava ficando cada vez mais à vontade com o eu-criança que rejeitara e, portanto, cada vez mais em contato com sua atual vida interior, da qual grande parte escondera de si mesma.

Podemos usar métodos indiretos e diretos para ajudar o paciente a entrar novamente em contato com seus verdadeiros desejos e restabelecer a esperança que foi abandonada juntamente com esses desejos. Descobri, por exemplo, que muitas vezes era útil os pacientes lerem a peça de Arthur Laurents da qual tomei emprestado o conceito de "máquina do tempo". Ela mostra, de forma clara e bela, o processo da busca do eu. Como mencionei anteriormente, o grande romance de Herman Hesse *O Lobo da Estepe*, também pode ser muito proveitoso para os pacientes de câncer. Após lê-lo, Judith disse: "Eu não entendi o seu significado, mas depois que o terminei, não consegui parar de chorar durante duas horas." Embora não o tenha captado num nível "intelectual", obviamente seu significado emocional atingiu-a fortemente. Mais tarde, ao referir-se ao encontro entre os dois aspectos do herói do romance — Henry Haller e o lobo do título — contou que ficara impressionada com o fato de "o lobo ter olhos tão belos e ser tão infeliz. Acho que aquilo que detesto em mim também tem belos olhos e é infeliz."

O simples reconhecimento de que uma parte do eu realmente foi rejeitada é um importante passo à frente para esses pacientes. Muitas vezes, esse é o primeiro passo para compreender que realmente existe um terceiro caminho. Algumas vezes o próprio paciente irá descobrir uma obra de arte ou uma situação de vida que, subitamente, abre uma porta para essa compreensão. Um paciente chamou minha atenção para o filme de Fellini, *Julieta dos Espíritos*. "Larry, é bom você assistir a esse filme", exclamou. "É exatamente aquilo do que você tem falado. Alguém está roubando suas idéias!"

Realmente, o filme assemelha-se a muitas das considerações da terapia de crise. Fellini mostra Julieta levando uma vida árida até ser lançada numa crise existencial pela infidelidade do marido. Ela descobre e aprende coisas sobre aspectos de si mesma que jamais havia aceitado. Esses aspectos assumem a forma de projeções imaginárias de uma série de personagens estranhos, porém atraentes. Finalmente, ela aceita e compreende esses elementos reprimidos de sua personalidade. Quando as projeções desaparecem, murmuram uma última frase para ela: "Agora você jamais ficará sozinha". Finalmente, ela está inteira e fortalecida. O fato de o ambiente externo não ter se modificado não é importante. *Ela* mudou. Ela se *tornou* ela mesma.

Conversei com psicólogos, psiquiatras e assistentes sociais que não entenderam esse filme, mas nunca encontrei um paciente de câncer que não o tenha compreendido. A pessoa que está sofrendo de uma doença catastrófica algumas vezes parece mais aberta aos significados das criações artísticas — pelo menos aquelas que lidam com o desespero e a perda do eu — do que os profissionais saudáveis que procuram auxiliar o paciente.

Algumas vezes, quando o paciente percebe o quanto condenou e rejeitou seu eu interior, é proveitoso discutir tal processo como se fosse um julgamento metafórico. Na realidade, em sua infância o paciente realizou um julgamento no qual foi o juiz, o júri e o réu. Nesse julgamento, baseado em evidências mal compreendidas e na percepção limitada de uma criança, ele se considerou culpado. Tendo esquecido há muito tempo que esse julgamento aconteceu, o paciente tem respondido a si mesmo, baseado naquele falso veredicto. A psicoterapia é um novo julgamento, desta vez com um advogado de defesa — dois adultos observando as evidências sob um novo ângulo, tentando descobrir que tipo de crime essa criança cometeu para merecer uma rejeição tão severa.

Como parte desse novo julgamento, é vital perguntar ao paciente repetidamente, o que ele realmente deseja na vida. A pergunta fundamental da terapia de crise é: "O que você quer fazer com sua vida?" É uma pergunta que deve ser formulada de tantas maneiras quantas o terapeuta possa imaginar, até que o paciente comece a perceber sua importância. Eleanor, por exemplo, a princípio falou apenas de sua doença — câncer de mama — e de seu desejo de não morrer. Eu lhe perguntei: "Se você estivesse fisicamente bem, gostaria de continuar vivendo com seu marido ou preferiria viver sozinha?" Eleanor começou a responder, parou, pareceu confusa e disse com muita surpresa na voz: "Não sei." A partir daí, foi capaz de trabalhar muito mais seriamente em sua psicoterapia e parecia sentir-se muito mais disposta.

A natureza crucial da pergunta "O que você deseja?" é ilustrada pelo exemplo de outra mulher, Vivian, que preferiu desistir da terapia em vez de lidar com as conseqüências de aceitar a si mesma e aos seus desejos. Quando afirmou que não queria mais me ver, eu lhe disse que tinha todo o direito de fazer essa escolha e que eu a respeitaria, mas que se pudesse me ajudar a compreender o porquê,

105

eu talvez pudesse auxiliar outros pacientes de modo mais eficaz. Vivian respondeu: "Não, não é você, sou eu. Eu entendo o que você está fazendo, mas se continuar com você, terei de reavaliar meu casamento. Se eu o reavaliar, eu o perderei, e se for uma escolha entre meu casamento e minha vida, prefiro perder minha vida."

Essa foi a única paciente que abandonou a terapia. Lamentei profundamente a sua decisão, mas a honestidade essencial à terapia de crise me impediu de lhe dizer "Nós não sabemos", ou qualquer outra observação confortadora, pois ela tinha razão; captara a situação perfeitamente. E embora tivesse feito uma escolha prejudicial a si mesma, foi uma escolha consciente. Mais uma vez, ela se considerara "culpada", mas dera esse novo veredicto como um adulto que compreende suas conseqüências e não como uma criança desnorteada.

Contudo, o restante de meus pacientes estava disposto a continuar procurando as respostas, algumas vezes difíceis, para as duras perguntas envolvidas na psicoterapia de crise. Por mais difíceis que sejam as perguntas, o paciente deve ser estimulado. A bondade deve ser colocada de lado. Se desejamos que o paciente tenha qualquer possibilidade de vencer o câncer que invadiu seu corpo, a luta deve ser iniciada imediatamente. Se desejamos que o paciente adquira uma percepção do eu, obtendo assim um prazer verdadeiro, uma esperança renovada durante o tempo que lhe resta, a luta deve ser iniciada imediatamente. As duras perguntas devem ser formuladas, repetidamente.

O que *você* quer?

Com freqüência, o que o paciente realmente deseja é preencher aquela parte de si mesmo que foi rejeitada, cujos desejos e impulsos são considerados inaceitáveis. Joan, que amava profundamente a natureza e sabia muito sobre flores e jardins, rejeitara esse aspecto de si mesma porque acreditava que somente os objetivos "intelectuais" eram valorizados. Ela achava que seu amor pela jardinagem era algo vergonhoso e infantil. Como não estava a par das revistas especializadas mais recentes e não se interessava em discutir teorias abstratas, sentia-se inferior. Ao tentar converter-se numa imagem que acreditava que os outros admirariam, perdera o contato com os aspectos mais genuínos e talentosos de si mesma. Outra paciente fora uma atriz bem-sucedida e sentia-se totalmente à vontade e relaxada no palco. No entanto, desistira da profissão — representar, disse, era "...como crianças vestidas nas roupas dos pais e fingindo". Desde seu afastamento, sua vida consistia num constante turbilhão social, em discussões com o marido e num sentimento vazio de inutilidade e desespero.

Um outro filme mostrou-se bastante útil para ajudar os pacientes a combater seus sentimentos de vergonha, vergonha que os fizera rejeitar os aspectos mais criativos de si mesmos. É o filme francês *The Shameless Old Lady* (A Velha Dama Indigna). Com extrema sensibilidade, a atriz Sylvie interpreta uma mulher idosa que durante toda a vida fizera as coisas que achava que devia fazer. Casou, cuidou do marido, criou os filhos, cuidou da casa. Então, depois da morte do marido, começou a descobrir aquilo que *ela* gostava de fazer. Comia quando estava com fome, ia caminhar no meio da noite para observar as luzes do porto, juntou-se a um grupo de radicais, passeava pelos shoppings, ajudou uma jovem de má reputação, comprou um carro, foi a piqueniques com seus novos amigos — que seus filhos desaprovavam muito — viveu e aproveitou a vida muito mais plenamente durante seus últimos dezoito meses do que jamais o fizera. Como uma imagem sobre o tipo de atitude com relação à vida, que a terapia de crise tenta despertar, e como uma resposta à pergunta "De que adianta, na minha idade?", *The Shameless Old Lady* é maravilhosamente estimulante. Sua família — as outras pessoas — é que a consideravam escandalosa. Para si mesma, ela era uma heroína. E para o espectador, também.

Entretanto, mesmo quando o paciente de câncer chega ao ponto de aceitar o "vergonhoso" eu rejeitado, e começa a dizer "sim, é isso que *eu* quero fazer," ainda existe a dificuldade de realmente começar a fazê-lo. Muitas vezes, o paciente acha que suas metas são tão amplas, tão difíceis de ser alcançadas, que é inútil até mesmo tentar. Uma técnica para lidar com esse problema, que me foi ensinada por Ensor Holiday, tem sido muito útil. É a técnica da "primeira coisa". Quando uma meta é definida, o terapeuta continua perguntando "Para alcançá-la, qual o *primeiro passo* que você precisa dar?" Respostas generalizadas não são aceitas e a pergunta é repetida até que a resposta seja um ato específico, único, concreto, que possa ser *realizado*. Um dos pacientes de Holiday, por exemplo, desejava viajar para a França, mas considerava impossível realizar essa viagem. Finalmente, após onze repetições da pergunta, o paciente disse "Primeiro, eu preciso comprar um novo par de cordões de sapato." Isso pode parecer insignificante, até mesmo divertido, mas na verdade *era* o primeiro passo para sua ida à França.

Um dos valores dessa técnica de reorientação é que ela ajuda a treinar os pacientes a pensarem em termos de *ação* para alcançar suas metas interiores. O fato de pensar em termos de ação faz com que o objetivo pareça mais real, possível e justificado. Se pudermos agir em função de um objetivo — não importando quão pequena possa ser essa ação — já começamos a considerar válida a idéia de que o

107

objetivo pode ser alcançado. A ação (ou mesmo sua concretização através de palavras) treina a pessoa para que ela comece a pensar que é válido ter tais objetivos.

Uma de minhas pacientes, Abigail, detestara sua profissão durante vinte anos, embora fosse muito bem-sucedida. Contudo, sempre sentira ser impossível mudar de profissão. Na terapia, descobriu o que realmente desejava fazer mas, para ela, isso era apenas um sonho impossível. Após aproximadamente vinte repetições da pergunta "Qual o *primeiro passo a* ser dado?", finalmente decidiu que era comprar um selo no caminho de casa — para solicitar um catálogo da universidade e descobrir se determinados cursos vespertinos estavam disponíveis. Abigail finalmente mudou de profissão. Seu novo emprego lhe pagava a metade do que recebia antes e proporcionava bem menos prestígio social. Mas ela encontrara a si mesma; estava expressando criativamente o eu rejeitado que desprezara durante toda a sua vida adulta. Em sua atual carreira sentia-se feliz e realizada. Cinco anos após sua doença terminal ter sido diagnosticada, ela me escreveu contando que estava muito ocupada para se preocupar com o câncer: "Eu simplesmente não tenho tempo", disse, "para esse tipo de bobagem."

Os chineses têm um ditado: "A jornada mais longa começa ao se colocar o pé esquerdo à frente." Ao perguntar repetidamente qual pé é o esquerdo — "O que você realmente deseja?" — o terapeuta deixa clara sua crença no valor da jornada e na habilidade do paciente para completá-la. Abigail é a prova de que a jornada realmente pode ser realizada. Já se passaram dez anos desde que seu melanoma, naquela época bastante disseminado, foi diagnosticado pela primeira vez, e ela realmente está muito ocupada vivendo sua vida rica e prazerosa, para se preocupar com "esse tipo de bobagem".

Algumas vezes, os pacientes negam que possuem um caminho ou talento especial, que foram reprimidos. Então, devemos mostrar que o simples fato de esse talento existir, mesmo que esteja oculto, foi o que tornou a vida do paciente tão dolorosa. Se não existisse esse caminho especial, ele não se sentiria insatisfeito ou tenso. Como disse Pascal: "Ninguém se sente desgostoso por não ser rei, a não ser um rei destronado." Se o paciente tivesse sido psicologicamente "adequado" para a vida que levou, teria se sentido feliz com ela. A infelicidade, quase invariavelmente, indica a existência de um caminho não percorrido, um talento não desenvolvido, um eu não reconhecido.

A negação da existência do terceiro caminho coincide com uma preocupação excessiva com as opiniões das outras pessoas. Como demonstraram Carl Jung, Erik Erikson e outros, um novo estágio de desenvolvimento ocorre na vida adulta — geralmente entre 35 e 45 anos de idade — no qual a pessoa normalmente deixa de se preocupar com os outros e começa a preocupar-se com as necessidades do eu. Nessa época, o adulto já se definiu em termos de sociedade; para continuar crescendo como ser humano, há uma necessidade renovada de definir o eu em termos de interesses mais individuais, dirigidos para o interior. Aqueles que realizaram esse desenvolvimento, provavelmente não precisam de ajuda. Eles estão com a vida, ao lado da vida, e são parte da vida. Se essas pessoas contraírem câncer, geralmente possuem os recursos interiores para lutar sozinhas por suas vidas. Provavelmente, o câncer se desenvolverá mais lentamente e, assim, pode ser mais rapidamente tratado pela cirurgia ou por outros recursos da medicina.

Aqueles que desenvolvem um câncer "terminal" que se dissemina rapidamente, geralmente não realizaram essa mudança, esse voltar-se para o interior. Para eles, as opiniões dos outros ainda vêm em primeiro lugar; seu impulso principal é "dirigido ao outro". Esse desprezo pelo próprio desenvolvimento interior parece estar fortemente relacionado à fraqueza da vontade de viver. Eles sofrem de uma exaustão a longo prazo, provocada pelo investimento da energia emocional em formas de se expressar e relacionar que não proporcionam satisfação interior. Quando essas pessoas ficam doentes, são privadas até mesmo do pouco apoio externo que receberam. Na doença grave, estamos sozinhos conosco. O apoio do *status*, do prestígio e das opiniões dos outros diminui consideravelmente em importância. O paciente fica restrito aos apoios psíquicos que se originam de sua vida interior — contudo, são esses mesmos apoios que ele desprezou. Quando esses pacientes podem ser auxiliados a dirigir seus esforços para o interior, a cultivar os aspectos rejeitados de si mesmos, com freqüência a vontade de viver se intensifica.

No primeiro capítulo, falei sobre Louise, que passara toda a vida adulta cuidando e apoiando o marido e os filhos. Após a morte do marido, providenciou para que seus filhos recebessem educação superior, mas o sucesso deles, sua habilidade para criar vidas independentes para si mesmos, finalmente deixaram Louise sem nenhum papel para representar na vida. Na psicoterapia, revelou que sempre gostara de balé. Ela possuía poucos recursos financeiros, mas ainda conseguia acompanhar as atividades do mundo do balé, embora raramente pudesse assistir a um espetáculo. Pedia emprestado os jornais do dia anterior para ler as críticas, lia tudo o que conseguia encontrar nas bibliotecas locais e, algumas vezes, viajava até a biblioteca pública principal, na Rua 42, em Nova York — uma viagem de duas horas, ida e volta — para pegar livros que não podia encontrar em nenhum outro lugar. Muito raramente, assistia a um espetáculo. Ao discutir esses raros eventos, falava com verdadeira excitação e animação, pela primeira vez na terapia. Lembrava-se de todos os bailarinos que já vira, e falava sobre cada um deles com conhecimento. Levei uma bailarina profissional para conversar com ela e, mais tarde, descreveu essa conversa como "uma das melhores tardes de minha vida".

Ela nunca discutira seu amor pelo balé com o marido ou com amigos; eles sabiam disso, mas não estavam muito interessados no assunto e de vez em quando caçoavam dela. Essas provocações eram extremamente dolorosas, mas ela não encontrara nenhuma maneira de responder, a não ser com o silêncio. Mas, durante a terapia, decidiu escrever um livro sobre a história do balé em Nova York. A princípio, essa idéia era altamente tentadora e exigiu muito encorajamento para persuadi-la a realmente assumir o projeto. Fui a diversas bibliotecas para lhe trazer os livros que precisava e, mais tarde, após ter conversado com seus filhos, eles assumiram a tarefa de lhe fornecer os materiais para pesquisa. Louise tornou-se profundamente envolvida com seu trabalho. Todos os dias lia e escrevia até ficar exausta, ia dormir e, então, trabalhava um pouco mais. Toda sua atitude com relação à vida se modificou. Ela estava excitada, realizada, entusiasmada. Nunca esquecerei do quarto de Louise no hospital, da cama, das mesas e cadeiras cheias de livros da biblioteca, com pilhas de blocos amarelos bem ao seu alcance. Louise despertou a ira das enfermeiras porque acendia a luz de manhã bem cedo e, muitas vezes, deixava-a acesa até muito tarde, muito além da hora em que achavam que um paciente de hospital deveria estar acordado. Mas eu só podia me sentir feliz. Louise estava compensando uma existência de prazeres perdidos. Os relatórios médicos indicavam que seu tratamento estava sendo muito mais eficiente e que o crescimento do câncer parecia se ter interrompido.

Infelizmente, o tempo mudou de uma hora para a outra, e o calor tornou-se insuportável. O hospital não dispunha de ar-condicionado e os quartos e enfermarias atingiram uma temperatura que era intolerável para os visitantes e para a equipe e desastrosa para os enfermos. Em uma semana, diversos pacientes sucumbiram à combinação do calor com a doença. Louise foi um deles. Mas ela não morreu desesperada, consumida pelo autodesprezo. Como ela mesma e seus filhos testemunharam, os últimos meses de sua vida foram cheios de entusiasmo e prazer. Mesmo no dia de sua morte, estava olhando para o futuro. Para Louise, como para outros pacientes, não era uma questão de quanto tempo tinham para viver, pois ela descobrira um eu que ela pôde aprovar; podia ser feliz nas suas condições, não nas condições dos outros e durante o tempo que lhe restara após ter começado a trabalhar em seu livro, viveu com uma intensidade e uma alegria que jamais conhecera anteriormente.

Em alguns casos, a capacidade do paciente para descobrir o eu rejeitado ou para acreditar que é possível haver uma mudança, que existe um terceiro caminho, é dificultada por outra pessoa. O paciente dirá: "Ela (minha mulher) jamais mudará, e eu não posso abandoná-la por causa das crianças. Sempre que ela me faz sentir culpado, sinto que é inútil continuar vivendo." Ou: "Meu pai me faz sentir como um fracasso sem esperança, sempre que estamos juntos." Ou: "Sempre que minha supervisora me chama, percebo que jamais terei sucesso em qualquer coisa." Nessas situações, ocorre uma "transação" que convence o paciente da impossibilidade de mudar.

Embora esse tipo de situação seja muito dolorosa para o paciente, algumas vezes proporciona uma excelente oportunidade terapêutica para ajudá-lo a compreender que, através de uma mudança de atitudes, ele pode superar uma situação aparentemente sem esperança. Podemos pedir ao paciente que, quando estiver sozinho, pegue lápis e papel e escolha quatro ou cinco tipos dos diversos métodos que a outra pessoa utiliza para fazê-lo sentir-se culpado ou desesperado. Então, pedimos que numere as classes ou tipos e que os memorize de acordo com seu respectivo número. Utilizando essa lista, o paciente tenta prever qual método será utilizado pela outra pessoa sempre que se encontrarem. Ele dirá de si para si: "A próxima vez que ela tentar fazer com que eu sinta culpa, usará a técnica nº 4."

A eficácia desse método com freqüência é bastante surpreendente. Primeiro, ele modifica a estrutura total da situação. Agora, o paciente está objetivamente concentrado naquilo que está acontecendo, em lugar de simplesmente reagir. Podemos observar um objeto ou podemos observar nosso modo de olhar para ele — nossa reação. Não podemos fazer as duas coisas ao mesmo tempo. Assim, o paciente concentra-se naquilo que está acontecendo e não em como se sente a respeito. De repente, o paciente descobre que está observando — geralmente de modo divertido — uma coisa à qual anteriormente reagira como se fosse uma agressão. Esse ataque deixa de provocar no paciente, sentimentos negativos com relação a si mesmo. Pelo contrário, o conhecimento de que possui a capacidade para lidar com a agressão tende a criar sentimentos de competência. Ele aprende que, seja qual for a situação externa, o importante é sua reação a ela, e que sua resposta *pode* mudar.

Há também um ganho adicional. O rompimento da transação é inconscientemente percebido pela outra pessoa. Uma vez que a transação não está mais "funcionando", geralmente é abandonada, e as técnicas que tendiam a mobilizar os sentimentos de culpa ou de desajustamento do paciente, deixam de ocorrer.

Susan, por exemplo, que era professora em uma pequena escola, tinha uma superiora que constantemente criticava seu trabalho. A superiora era negra, Susan era branca, e os ressentimentos raciais pareciam fazer parte da motivação de sua superiora. Mas, mesmo reconhecendo esse fato, os antigos sentimentos de Susan, de que tudo que fizesse espontaneamente, sendo ela mesma, provocaria rejeição e agressão, eram reforçados sempre que recebia críticas.

Depois que começou a usar a técnica do "jogo da previsão", Susan descobriu que as críticas não a aborreciam mais, e foi capaz de fazer uma avaliação objetiva sobre o valor delas. Depois de um mês, as críticas pararam e ela desenvolveu uma excelente relação com sua superiora, que durou três anos, até Susan casar e deixar o emprego. Ao recusar a transação, Susan e sua superiora descobriram que realmente gostavam uma da outra e se tornaram amigas além de colegas.

A mudança da atitude do paciente, desviando-se da preocupação com as opiniões e reações dos outros, para a preocupação com as necessidades e o crescimento do eu, com freqüência é marcada por uma crise. Essa crise existencial — ou oportunidade existencial — geralmente ocorre depois que o paciente começa verdadeiramente a compreender que é possível seguir um terceiro caminho. A crise normalmente começa quando o paciente sente como se todos os seus impulsos e necessidades estivessem muito intensificados — como se existisse uma espécie de furacão emocional rugindo dentro dele. As antigas técnicas utilizadas no relacionamento com os outros enfraquecem quando ele percebe sua inutilidade; mas ele ainda não está totalmente confiante nas novas maneiras de se relacionar. Assim, tem a sensação de estar perdido, de estar à deriva sem uma âncora.

Muitas vezes, o primeiro sinal do início dessa crise será uma exigência especial por parte do paciente. Pacientes que sempre foram atenciosos, até mesmo excessivamente atenciosos, com relação ao meu tempo e a outras atividades, subitamente irão pedir uma sessão especial num sábado ou feriado. Minha esposa acostumou-se a esperar, no decorrer dos anos, que eu me ausentasse durante algumas horas em qualquer dia de Ação de Graças ou véspera de Natal. Tento considerar essas exigências dentro do contexto do progresso e das necessidades daquele paciente em particular. O paciente parece estar realizando um teste final sobre a validade de minha preocupação — que é, no final das contas, o seu "salva-vidas" — antes de abandonar a segurança de sua antiga maneira de viver. Se estiver dentro das minhas possibilidades, atendo tais exigências nos termos em que são

112

feitas. Contudo, não as analiso nem as explico ao paciente, a não ser muito tempo depois do término da crise.

Sei, por experiência própria, que o fato de atender a essa exigência não criará outras exigências, nem provocará uma futura falta de consideração com relação ao terapeuta. O paciente sentirá que um teste é suficiente — se o terapeuta reagir ao teste com compreensão, sem ressentimentos e tratar a exigência como se fosse perfeitamente válida, o que de fato é.

Embora o conceito de crise existencial seja razoavelmente recente na psicoterapia, há muito tem sido descrito na literatura e na mitologia. O conceito da "batalha final" entre a vida e a morte, a expansão e a contração, o ser e o não-ser, tem sido encontrado em muitas culturas ao longo da história. Esses mitos prevêem que as coisas irão piorar antes do confronto final — o surgimento do anti-Cristo na teologia cristã é um exemplo — e que haverá um período de grande tensão e confusão antes que se realize a escolha final entre a luz e a escuridão.

Em determinadas situações terapêuticas, é possível acelerar a resolução dessa crise, pedindo-se ao paciente que viaje sozinho para algum lugar — um lugar onde não representará os papéis habituais e onde ninguém, nem mesmo ele, mantém quaisquer expectativas com relação ao seu comportamento. A ausência dos papéis habituais permite que seus recursos interiores de desejo e vontade fiquem mais próximos da consciência. Como disse um paciente, a pessoa "deixa que seus pés a conduzam para onde quiserem". O paciente observa o que faz e se gosta ou não daquilo que está fazendo. De certo modo, o paciente está pedindo a si mesmo: "Por favor, que se levante o verdadeiro Fulano de Tal."

O paciente deve compreender antecipadamente que essa é uma situação de aprendizado e crescimento e não de férias. Ele deve ser avisado de que pode sentir-se deprimido e ansioso nos primeiros dias, mas que, a não ser por isso, ele "tira de letra". Ao captarem totalmente o que está sendo tentado, com freqüência os pacientes realizam um progresso real durante esses períodos. Entretanto, a escolha do momento para essa aventura é um tanto delicada. Ela só deve ser iniciada depois de o paciente ter se encontrado totalmente com o terapeuta e que a filosofia da busca estiver completamente clara. Goethe escreveu que "um talento se desenvolve melhor no isolamento; a personalidade se aperfeiçoa na torrente do mundo". Mas esses pacientes possuem "personalidade" *demais*. Eles viveram na torrente do mundo de maneira muito completa. E desprezaram o desenvolvimento "daquele talento que deve ser oculto até a morte" — sua criatividade fundamental — e é esse desprezo que os está matando.

Naturalmente, muitas situações terapêuticas não permitem a utilização desse método. O paciente pode estar muito doente para deixar o hospital ou não possuir recursos financeiros para viajar sozinho. Porém, algumas vezes, são possíveis outros arranjos. Um paciente pode conseguir reservar um dia por semana, em sua própria cidade, para fazer o que lhe agradar, sem atividades planejadas. Anne, por exemplo, que era dona de casa, decidiu reservar as quartas-feiras como "meu dia". Ela conseguiu arrumar *babysitters* para essas quartas-feiras e, das 9 às 16 horas, estava "livre". Ela rodava até a cidade e fazia aquilo que desejasse. Apesar de usar muletas, devido à amputação de uma perna, ia a teatros e museus, sentava-se no parque para observar as árvores e a água e as pessoas brincando com seus cães, passeava pelas lojas e almoçava sozinha ou com velhos amigos. No caso de Anne, não ocorreu uma crise existencial profunda, mas houve um marcante relaxamento de suas defesas, anteriormente muito rigorosas. Ela desenvolveu um sentimento crescente de que merecia pelo menos tanta atenção quanto seus filhos ou seu marido.

Como um ganho secundário, seus amigos lhe disseram o quanto a invejavam e respeitavam por reservar um dia para ser só dela. Posteriormente, algumas mulheres perguntaram se poderiam acompanhá-la. Durante o último ano de sua vida, ela sabia que era amada e respeitada por muitas pessoas e não se sentia mais como a fracassada anormal, rejeitada, que sempre se considerara.

Quando houver ansiedade por parte do cônjuge — ou do paciente — de que o tempo de separação em que o paciente viaja sozinho possa levar a uma perda permanente da relação conjugal, ela pode ser atenuada através do conceito de "afastamento e retorno", de Arnold Toynbee. Esse conceito inclui a idéia de que, algumas vezes, é necessário para uma pessoa ou uma sociedade, se afastar de um problema para juntar e reorganizar suas forças, antes de retornar com maior força e coerência para lidar com ele. Nesse contexto, é interessante saber que a palavra "convalescença" se origina do nome do antigo clarim romano que avisava às tropas para interromper a luta, *afastando-se para reorganizar-se antes de retornar à batalha.* Com freqüência, para lutarmos por nossas vidas contra o câncer é vital, para a vontade de viver, uma reorganização semelhante de nossas forças emocionais.

As técnicas descritas nesse capítulo foram utilizadas em diversos níveis e em diferentes combinações com meus pacientes terminais de câncer. Cada paciente tinha dificuldades particulares para dar os primeiros passos nesse terceiro caminho em direção a uma percepção renovada do eu e da possibilidade para lutar por suas vidas, que sempre a acompanha. Para alguns, o passo mais difícil era descobrir novamente qual o sonho secreto que abandonaram ou reprimiram há muito tempo: seus talentos particulares muitas vezes haviam sido tão completamente rejeitados, que era como se nunca tivessem existido. Outros, ainda, acalentavam algum tipo de ambição em especial, mas consideravam impossível sua realização. Outros ainda, estavam presos como moscas, na teia das exigências e opiniões dos demais: em qualquer direção que tentassem se mover, encontravam-se frente a um diferente fio da teia que permitiram e, inconscientemente, treinaram os outros a tecer ao seu redor.

Vejamos o caso de Linda, por exemplo. Quando adolescente, Linda desejara ir para a faculdade. Ela queria seguir uma carreira. No entanto, seus pais ficaram horrorizados com essa idéia. Eles acreditavam que uma carreira estava fora de questão para uma garota de boa família. Tentando desesperadamente agradar aos pais, Linda casou-se com o homem que eles aprovavam e teve quatro filhos. Seu marido era rico e, aparentemente, ela parecia levar uma vida tranqüila e feliz. Na realidade, seu casamento fora infeliz durante muitos anos. A expectativa de que deveria sentir-se feliz, era uma armadilha terrível. Ela não obtinha nenhuma satisfação de seu papel como esposa e mãe, sentia-se aprisionada, considerando sua vida uma interminável sujeição às outras pessoas. Desesperada, envolveu-se com outro homem — alguém que a encorajou a levar sua própria vida. Mas, novamente, os pais, juntamente com o marido, a convenceram de que estava errada e que iria destruir a vida dos filhos. Eles consideravam seu romance — sua tentativa de ser ela mesma — como uma doença. Ela desistiu da relação com o outro homem e deixou-se envolver novamente pelos braços claustrofóbicos de sua "generosa" família. Quatro meses depois, notou um caroço em seu seio.

Linda submeteu-se à mastectomia e depois à histerectomia. Então, disseram-lhe que nenhuma outra cirurgia poderia ajudá-la; o câncer estava invadindo seu corpo e não havia tratamento. Logo depois de saber que seu câncer era terminal, ela me procurou. No caso de Linda, parecia particularmente importante que passasse algum tempo longe da família. Eu a encorajei a trabalhar um só período numa loja e a utilizar o dinheiro para assistir a aulas na faculdade, duas ou três noites por semana. Naturalmente, seu marido e seus pais ficaram furiosos. Contudo, meu trabalho era ser aliado dela, convencê-la de que poderia e deveria fazer aquilo que *ela* quisesse. Essa era uma situação em que o próprio fato de seu câncer ser terminal, pareceu lhe dar a força necessária para enfrentar sua família. Certa de que ia morrer, a oposição do marido e dos pais produziu menos efeito do que anteriormente. E ela sabia que eu estava totalmente ao seu lado.

Linda perseverou, trabalhando e estudando até o filho mais novo iniciar o curso secundário. Nessa época, apesar dos terríveis sentimentos de culpa, passou a estudar em período integral e iniciou o processo do divórcio. O prazer e a satisfação que sentia em sua nova vida já eram suficientemente fortes para permitir que resistisse à fúria e às súplicas chorosas de sua família.

Atualmente, Linda é bibliotecária na faculdade. Todo verão viaja à Europa e jamais se sentiu melhor em toda a sua vida. No momento, está envolvida com um homem que amava desde o curso secundário, mas com quem nunca saíra porque ele era "da religião errada". Contudo, por enquanto, não deseja casar novamente. A liberdade de escolha que adquiriu ainda é muito nova para ela — e muito preciosa — para ser facilmente abandonada. Ela conseguiu fazer os filhos entenderem por que precisou deixar o marido. Ao descobrir quem realmente era, foi capaz de transmitir aos outros o seu próprio eu e suas necessidades. Como ela diz: "Eles me amam, apesar de me julgarem um pouco maluca."

Essa última afirmação de Linda conta, de certo modo, toda a história. Ela encontrou o terceiro caminho. Anteriormente, acreditava que só poderia ser amada negando seu verdadeiro eu; esse seria um caminho, só que destrutivo. O outro caminho, o único que podia imaginar, era ser ela mesma, mas perderia o amor dos entes queridos durante esse processo. Agora, reconhece que pode ser "um pouco maluca" e ainda conservar o amor das outras pessoas. É verdade que perdeu o amor do marido — mas há muito deixara de amá-lo. O amor dele era tão fraco que ele só a amaria se ela vivesse de acordo com as expectativas dele. Cada um de nós pode parecer "um pouco maluco" para algumas pessoas com as quais nos importamos — mas se elas realmente se importam conosco, irão nos amar assim mesmo. Se não se importam de verdade, então, com certeza, não valem o sacrifício de nos destruirmos, seja qual for a relação que mantemos com elas.

Outro de meus pacientes, Stanley, depois de ter aprendido a ser ele mesmo, fez algumas surpreendentes descobertas (para ele) sobre as reações das outras pessoas. O pai de Stanley morrera quando ele tinha seis anos de idade. Como todas as crianças que passam por isso, Stanley sentiu que a morte do pai não teria ocorrido se ele tivesse sido um bom menino. Sentindo que precisava mudar para que sua mãe também não o abandonasse, Stanley tornou-se um menino sério e calado. Era ótimo aluno e formou-se na faculdade com excelentes notas. Tornando-se um profissional muito bem-sucedido e muito considerado, escreveu diversos livros que eram amplamente vendidos em sua área de atuação. Contudo, esses sucessos eram, como ele comentou, "como cinzas em minha boca". Nada lhe proporcionava nenhum prazer ou satisfação reais, a não ser o tempo que passava construindo modelos de navios, um *hobby* do qual gostava desde a infância. Afora isso, vivia como um robô, consumido por sentimentos de vazio.

Stanley, que era um paciente de câncer terminal, veio pedir minha ajuda. Nessa época, estava quase que totalmente desprovido da percepção do eu. Quando lhe sugeri, após dois meses de terapia, que viajasse sozinho durante algum tempo para tentar preocupar-se com suas próprias necessidades, ele simplesmente não conseguiu entender o que eu queria dizer. Se ele e a esposa tirassem férias separados, declarou, "eu não saberia o que fazer sozinho. A não ser que eu trocasse idéias com ela, como poderia saber o que eu gostaria de fazer naquele dia? Ficaria apenas sentado." Ele precisava de alguém para lhe dizer do que ele gostava!

Muito lentamente, utilizando a técnica da "máquina do tempo" e outros métodos, fui capaz de ajudar Stanley a compreender como e por que desistira de sua individualidade quando criança, numa reação à morte do pai. Ele começou a perceber por que seus sucessos não significavam nada para ele — eles não tinham sido realizados *para si próprio*, mas simplesmente pelo medo de que se não fosse um bom menino ou um homem bem-sucedido, seria abandonado. Entretanto, durante esse processo, ele abandonara a si mesmo. Como não possuía um eu verdadeiro, não se relacionava com os outros de uma maneira "verdadeira"; o fato de todos gostarem dele também não lhe dizia nada, pois reconhecia que aquilo de que as pessoas gostavam, era meramente uma fachada. Ele nunca ofendera ninguém porque não possuía um eu verdadeiro para expressar ou defender.

Após mais ou menos seis meses de terapia, seu câncer começou a desenvolver-se mais lentamente e tornou-se inativo. Essa mudança física coincidiu com uma mudança em sua maneira de olhar para si mesmo. Aos poucos, começou a perceber que tinha o direito de ser ele mesmo. Seu comportamento com as outras pessoas tornou-se mais "real"; agora, a relação incluía duas pessoas, o outro e ele próprio, enquanto anteriormente, fora baseada apenas nas exigências da outra pessoa. Para sua grande surpresa, seu sucesso profissional aumentou. Ele sabia que nem todos gostavam dele agora. Mas, descobriu que as pessoas com quem realmente se importava gostavam dele ainda *mais*, embora outras, menos e, algumas, nem um pouco. Pela primeira vez em sua vida, começou a apreciar a amizade dos outros. E, mais importante, descobriu que podia fazer amizade *consigo mesmo* e podia apreciar sua *própria* companhia. Estar sozinho,

117

percebeu, também podia ser muito recompensador, agora que possuía um eu para acompanhá-lo.

Durante os últimos anos, o câncer de Stanley continuou inativo, apesar de visível nos raios-x. Agora, Stanley realmente aprecia seu trabalho, sente prazer com seu sucesso e sua vida social. Como Linda, ele se deu conta de que realmente existe um terceiro caminho. Por gostar de sua vida, desenvolveu as forças para lutar por ela. Seu câncer terminal progrediu quando ele estava morto por dentro — vazio de sentimentos e desprovido do eu. Agora que tornou-se ele mesmo e expressa esse eu, ele está vivo por dentro e o que está inativo é seu câncer.

9

O MUNDO DO PACIENTE DE CÂNCER

Como mostramos neste livro, o mundo do paciente terminal de câncer é especial, tanto física quanto psicologicamente. A história de vida psicológica do paciente de câncer o exclui do tipo de indivíduos que um terapeuta encontra em sua clínica. Ele não pode ser auxiliado pelos métodos terapêuticos tradicionais; são necessários novos métodos, como o da psicoterapia de crise, para libertá-lo do mundo estreito no qual está aprisionado, restituindo-lhe a capacidade de lutar por sua vida.

Além desses problemas psicológicos específicos, o paciente de câncer muitas vezes também precisa lidar com a dor crônica. A quantidade de material publicado sobre a situação do paciente com dor crônica é surpreendentemente reduzida. Num dos poucos trabalhos sérios sobre o assunto, Buytendjick comentou: "O homem moderno considera a dor como um fato meramente desagradável que, como outro mal qualquer, deve ser eliminado da melhor forma possível. Para isso, geralmente afirma não ser necessária nenhuma reflexão sobre o fenômeno em si." Contudo, para ajudar o paciente a recuperar sua vontade de viver, esse aspecto de seu mundo especial também deve ser totalmente compreendido.

O universo do paciente com dor crônica lembra bastante o universo dos pesadelos. Existem três componentes estruturais básicos nos pesadelos: (1) Coisas terríveis estão acontecendo e coisas piores estão na iminência de acontecer. (2) Forças externas estão no controle e nossa vontade é inútil. (3) Não existe limite de tempo e não podemos prever quando tudo terminará. A pessoa com dor crônica encontra-se na mesma situação básica. Compreender que o paciente de câncer vive num pesadelo acordado, e transmitir-lhe essa compreensão, muitas vezes pode ajudá-lo a resistir à dor.

Nossa compreensão sobre a dor geralmente é baseada na dor aguda transitória — dor de dente, queimadura, corte ou contusão. Esse tipo de dor é conduzido com muita rapidez através do sistema nervoso, ativando os reflexos de defesa e, na maioria das vezes, desaparece relativamente depressa. Desde a infância aprendemos a considerar essas dores como um aviso bom e proveitoso. Ao se deparar com a dor crônica, o indivíduo, baseado em sua experiência com a dor aguda transitória, tende a generalizar. Essa generalização deixa muito a desejar; na verdade, sua validade é questionável. Considerar a dor crônica como um "aviso" gera confusão, pois a dor crônica não esclarece o que devemos fazer e não existem reflexos de defesa com os quais possamos reagir. Ela continua muito depois de estarmos sob cuidados médicos. Não nos ajuda a agir e pode ser tão severa a ponto de interromper nossas atividades e hábitos potencialmente benéficos. A dor crônica é simplesmente um modo de viver.

Assim, a dor crônica parece inexplicável e sem sentido. O sofrimento mental parece ser o resultado de nossos pensamentos e ações; ele reflete a concepção que fazemos de nós mesmos. Porém, a dor física crônica é contrária à nossa natureza. Ela não parece o resultado daquilo que somos ou fizemos — parece sem sentido; mas, como é muito difícil aceitar a experiência real como algo irracional, tentamos dar-lhe um significado. Nossas antigas culpas e ansiedades são despertadas e tentamos atribuir a dor a essas causas insuficientes. Todas as importantes religiões e filosofias tentaram explorar o significado da dor, mas em nossa sociedade antimetafísica, ela é amplamente ignorada. É algo que preferimos não enxergar — e assim, quando o sofrimento precisa ser suportado, não possuímos formas tradicionais para lidar com ele.

Como seres humanos, normalmente tentamos interagir com o meio ambiente. Mas não podemos interagir com a dor; só podemos suportá-la. "É uma peculiaridade do homem", diz Victor Frankl, "que ele só possa viver se puder contar com o futuro..." Mas com a dor crônica existe uma perda real de perspectiva temporal — estamos presos ao *agora* imediato da própria dor. Um outro aspecto do problema é o de que a dor crônica é sentida na solidão. O autor francês Alphonse Daudet expressou-se: "A dor é sempre algo novo para quem a sofre, porém banal para aqueles que estão ao redor. Todos irão acostumar-se a ela, exceto eu."

Portanto, a incrível solidão da dor nos pressiona em direção à regressão psíquica. Nossa dignidade e nossa condição adulta alcançada com dificuldade, enfraquecem. Nossa imagem corporal torna-se indistinta; a dor parece eliminar o restante do eu físico. Só temos consciência da área que está produzindo essas sensações insuportáveis. A partir da complexa percepção adulta do corpo, somos atirados de volta a uma imagem corporal mais infantil. Essa perda da percepção adulta de nós mesmos é agravada ainda mais pelo fato de — como acontece na infância — precisarmos depender dos outros para realizar muitos atos importantes em nossa vida.

O nível de dor experimentado pelo paciente de câncer, com freqüência parece estar relacionado ao modo como a pessoa se sente a respeito de sua vida como um todo. Como mostrou Gotthard Booth, "... em geral, a dor depende mais do estado de espírito do que da condição física do paciente". Todos já presenciamos esse fenômeno em outras situações — como, por exemplo, o jogador de futebol que não sente a dor de uma fratura e continua a jogar. Não pode haver dor sem o envolvimento dos centros nervosos superiores, e o modo como esses centros conduzem, absorvem e integram a dor, determina sua percepção individual e a capacidade para resistir a ela.

Uma descrição fascinante da reação do paciente de câncer à dor é apresentada na obra de Tolstoi, *A Morte de Ivan Illytch*. Na verdade, esta novela, escrita há quase cem anos, retrata com excepcional exatidão e extraordinário *insight* uma história de vida que se ajusta, sob quase todos os aspectos, ao perfil da personalidade predisposta ao câncer, que apresentamos aqui. A novela de Tolstoi é um dos freqüentes exemplos do artista que "chega na frente", muito antes do cientista. Em *A Morte de Ivan Illytch*, somente quando Ivan percebe a total falta de significado de sua vida, é dominado pela dor do câncer. Enquanto parece haver um significado válido para sua existência, ele é capaz de resistir à dor e manter o controle e a dignidade.

Uma conhecida minha, que durante muitos anos sentiu uma dor terrível como conseqüência de um distúrbio no ouvido interno, continuou levando uma vida ativa, proveitosa e entusiástica. Ao lhe perguntarem como conseguia, ela respondeu: "Quando a dor é forte, eu me elevo acima dela e a observo de uma posição superior." Essa explicação não deve ser desprezada como sendo simplesmente "histeróide". Como era capaz de manter o controle sobre si mesma e sobre a dor que sentia, a dor não a dominava.

Geralmente, quando os pacientes de câncer começam novamente a descobrir seu eu verdadeiro, anteriormente rejeitado, e a encontrar um significado para suas vidas, eles são capazes de lidar melhor com a dor. Como disse uma mulher, que estava fazendo progressos consideráveis na terapia: "É como a diferença entre a dor do parto e as outras dores. Durante o trabalho de parto, você sabe que no final, alguma coisa será produzida. Nunca é tão ruim como quando a dor não produz nada."

Ao ajudarmos o paciente de câncer a lidar com sua dor, novamente a abordagem deve concentrar-se naquele indivíduo específico. Não pode haver regras quanto à forma de agir, apenas o reconhecimento de sua importância. Cada paciente deve ser ajudado a encontrar a resposta mais natural para si mesmo, para seu próprio senso de significado, e não o significado que faz sentido para o terapeuta. Alguns pacientes podem ser capazes de compreender sua dor em função da nova compreensão de si mesmos, desenvolvida a partir do câncer. "Sua dor", diz Kahlil Gibran, em *O Profeta*, "é o rompimento da concha que envolve sua compreensão". Para os pacientes que sempre se recusaram a enfrentar seus verdadeiros eus, que sempre tiveram medo de não ser amados caso revelassem esse eu, pode haver um significado na idéia de que o câncer os levou até um ponto em que eles tenham que se aceitar, ou então morrer. Descobrir que podem ser amados como eles mesmos torna a dor aceitável e, com sua nova força, tornam-se capazes de resistir a ela.

Outros pacientes podem enfrentar a dor de outras maneiras diferentes. Reconhecendo que a experiência do câncer jamais lhes será tirada, que depois que acabar nunca mais precisarão temer nada novamente, talvez sintam que, segundo palavras de Nietzsche: "Aquilo que não me mata, me torna mais forte." Outros ainda, podem enxergar a dor que sentem *existindo por si mesma*; assim, consideram o fato de *eles* a estarem experimentando como se com isso livrassem alguém dessa experiência. Portanto, a eficiência do psicoterapeuta depende, em grande parte, de sua engenhosidade para ajudar o paciente a encontrar a melhor resposta para si mesmo. À medida que a vontade de viver se reafirma, muitos pacientes começam a sentir, nas palavras tristes e sábias de Dostoievsky, que "Só tenho medo de uma coisa: de não ser digno de meu sofrimento".

Quando a dor é extremamente exacerbada ou resistente, devemos nos questionar se no caso daquele paciente em particular, existe um propósito por trás dela. Será que a dor afasta um sentimento de culpa? Proporcionaria a sensação de ser "real" de que ele tão desesperadamente necessita? Existiria alguma mensagem em sua dor? A dor severa pode, por exemplo, ser um substituto da angústia mental insuportável. Existem casos na literatura médica, nos quais a dor crônica foi aliviada através de drogas ou outros recursos, apenas para resultar imediatamente num colapso emocional ou no suicídio do paciente. Contudo, nossa educação cultural com relação à dor — que ela é ruim e deve ser imediatamente aliviada — é tão forte que a possibilidade de o paciente estar nos transmitindo algo através de sua dor, com freqüência é ignorada.

Especialmente com os pacientes de câncer, o terapeuta deve estar prevenido contra situações em que a dor é fora do comum. Afinal, o típico paciente terminal de câncer viveu, muitos anos antes do desenvolvimento da malignidade, com grande angústia mental. Existe a possibilidade de o câncer ter se desenvolvido não somente porque a resistência orgânica do indivíduo estava baixa — uma vez que investiu toda a energia psíquica para proteger-se da angústia mental — mas também de que o câncer, de certo modo, seja um substituto físico para um sofrimento mental insuportável. Embora hipotética, essa questão é importante para que possamos reconhecê-la como uma possível realidade. E nesses casos, o sofrimento psíquico precisa ser atenuado antes de aliviarmos, com segurança, a dor física que — para o paciente — é mais fácil de ser suportada do que o desespero com o qual viveu durante tanto tempo.

Independentemente do modo como a dor é percebida pelo paciente, a piedade pela pessoa que sente dor é extremamente corrosiva. Quando o paciente percebe que sentimos pena dele, sua capacidade para lidar com a situação enfraquece. A piedade reforça seu sentimento de desespero porque é a indicação de que se encontra numa condição inferior. Podemos ajudar o paciente, em seus esforços para manter a dignidade e a condição de adulto, através da empatia, do contato emocional e do respeito. A piedade somente enfraquece sua vontade de viver e esse fato não deve ser apenas compreendido pelo terapeuta mas também transmitido aos familiares do paciente. Por essa e outras razões, é essencial que o contato entre a família e o terapeuta seja iniciado e mantido.

Uma vez que o paciente vive — e é parte de — uma situação familiar, a terapia bem-sucedida deve levar em consideração esse aspecto do mundo do paciente de câncer. A doutrina terapêutica tradicional insiste em afirmar que o contato com a família deve ser o menor possível, mas essa máxima não pode ser adotada na terapia de crise. Quando há honestidade e um encontro aberto entre paciente e terapeuta, não é preciso que o terapeuta tenha receio de que o paciente considere esse contato com a família como um ato de "deslealdade". Além disso, as questões em jogo são muito amplas — tratam literalmente de vida e morte — para que o paciente ou o terapeuta se preocupem com regras e costumes gerais.

Num sentido mais profundo, a família do paciente define seu espaço na vida. Ela é parte de sua realidade e não pode ser ignorada.

Como disse Stanley, que anteriormente se submetera à terapia tradicional: "Então, a realidade existe mesmo!" Assim, o terapeuta que trata de pacientes terminais de câncer deve considerar essa realidade com muita convicção.

O terapeuta deve conhecer o cônjuge — e/ou filhos — por diversas razões importantes. Para começar, a informação obtida da família talvez surja nas sessões com o paciente somente depois de muito tempo. E se quisermos despertar a vontade de viver do paciente, isso deve ser feito imediatamente — na terapia de crise, o tempo não é algo que possamos considerar garantido. O tempo deve ser medido em semanas e meses, não em anos.

Em segundo lugar, é importante diminuir ao máximo a pressão sobre o paciente. Existem diversos tipos de pressão familiar que, muitas vezes, exercem forte influência sobre o paciente de câncer. Para começar, o paciente está consciente de que esperam que continue sendo a mesma pessoa que sempre foi nas interações familiares. Ao ajudarmos a família a compreender que o paciente precisa *mudar* para tornar-se capaz de lutar por sua vida, e que esse crescimento não significa a perda da relação mas, geralmente, seu fortalecimento, podemos atenuar muitas pressões inconscientes. Quando um cônjuge tem sentimentos exagerados sobre a possibilidade de tal mudança, é importante sabermos, pois, com freqüência, isso pode nos fazer compreender mais profundamente em que áreas o paciente apresenta maiores dificuldades.

No caso de pacientes terminais, geralmente a família aceita a opinião dos médicos, que afirmam não haver mais esperanças e que o paciente possivelmente não sobreviverá mais do que alguns meses. Como mostramos em diversos casos relatados neste livro, as *remissões realmente acontecem*, independentemente da opinião médica, quando o paciente está suficientemente motivado para lutar por sua vida e reunir todos os recursos para auxiliá-lo nessa luta. Mas, mesmo quando o paciente não pode ser "curado", mesmo quando é incapaz de lutar contra o câncer para imobilizá-lo, ainda assim, pode aproveitar os últimos meses ou anos de sua vida de uma maneira nova, positiva, olhando para o futuro e sentindo-se à vontade com seu verdadeiro eu. Apenas isso já constitui um objetivo pelo qual vale a pena lutar obstinadamente.

Porém, quando a família aceita o fato de que o paciente irá morrer, que não há esperança, torna-se mais difícil do que nunca para o paciente ter esperança e lutar por sua vida. Geralmente, para a família, desistir é uma medida de autoproteção. Ela se torna imune, até certo ponto, ao envolvimento com a dor do paciente — os membros da família podem dizer a si mesmos: "Bem, logo tudo estará terminado." Contudo, essa atitude é rapidamente transmitida ao paciente e tem um efeito profundamente depressivo. Se os outros não têm esperança, por que ele deveria ter? Além disso, tal atitude confirma a convicção do paciente de que ele não merece ser amado. Em diversas ocasiões, achei necessário dizer à família de um paciente de câncer: "Vamos encarar os fatos." Essa frase tem conotações muito negativas e faz com que a família espere que, a seguir, eu diga: "Joe está morrendo." Assim, quando digo: "*Joe está vivo*", os familiares experimentam um profundo choque, um choque que, com freqüência, consegue sacudi-los, fazendo-os perceber que *eles* já consideravam Joe morto.

Esses lembretes também são necessários para impedir que a família infantilize o paciente, privando-o da força de que ele necessita para crescer e se desenvolver. Em nossa cultura, existe uma marcante tendência para envolver o paciente numa espécie de acolchoado psicológico — de transformá-lo numa criança indefesa. Esse tipo de atitude deve ser evitado. Devemos ajudar a família a compreender que "repouso" não é uma medicação particularmente benéfica e que o paciente não deve ser impedido de movimentar-se. Existem doenças, como a tuberculose e a hepatite, nas quais a atividade deve ser limitada por razões médicas, mas o câncer não é uma delas. O paciente deve ser estimulado a ser tão ativo quanto possível e a descansar somente antes de "cair de exaustão". Freqüentemente, a família e o médico presumem que o nível de atividade do paciente deve ser mantido o mais baixo possível e, assim, dificultam suas tentativas para encontrar e expressar seu próprio caminho e maneira de ser. Muitas vezes achei necessário me manifestar contra essa tendência.

Outro motivo para estabelecer um relacionamento com a família, é o de ajudá-la através de um planejamento realista. Os problemas reais existem em muitos níveis, desde as dificuldades financeiras até as técnicas para demonstrar tristeza, e isso deve ser discutido quando necessário. Muitas vezes, a discussão em si mesma, diminui a pressão psicológica sobre o paciente, particularmente quando ele é o principal arrimo da família.

O terapeuta deve também preocupar-se em preparar as crianças para a possibilidade da morte de um dos pais, para que filhos e filhas não sintam que "se eu tivesse sido um menino ou uma menina melhor, mamãe não teria me deixado". Essa carga emocional, como já observamos, pode, em si mesma, levar uma pessoa a ter medo de relacionamentos ou a sentir autodesprezo, o que configura de maneira significativa a personalidade do indivíduo predisposto ao câncer. Na verdade, devemos considerar que a ocorrência do câncer em diversas gerações da mesma família tem mais a ver com essa carga emocional constantemente reforçada do que com a genética.

Devemos ensinar os pais como preparar as crianças para a possibilidade da morte de um doente. Entretanto, em algumas ocasiões, pode ser necessário que o terapeuta assuma essa importante tarefa. Uma de minhas pacientes estava em casa, acamada, e eu a visitava duas vezes por semana. Ela tinha um filho de dez anos, e o marido não conseguia conversar com ele sobre a doença da esposa. Muitas vezes, após uma sessão com a mãe, eu caminhava até meu carro com o garoto e conversávamos durante uns quinze minutos a respeito de seus sentimentos. Eu lhe explicava, repetidamente, que não conhecíamos as causas do câncer, mas que sabíamos que ele *não* era provocado pelo comportamento dos outros. Não fazia diferença quem era o menino ou como ele se comportava. O câncer teria surgido de qualquer forma. Sua mãe o amava muito e estava lutando bastante para ficar boa mas, mesmo que não ficasse, não havia nenhuma possibilidade de que isso pudesse ser considerado sua culpa.*

Com freqüência, é necessário continuar encontrando os membros da família — filhos e/ou cônjuge — durante algum tempo, caso um paciente realmente sucumba à doença. A tarefa de impedir que a morte da pessoa querida provoque mais danos emocionais do que o absolutamente inevitável, é simplesmente parte do trabalho do terapeuta. Não raramente, os pacientes irão solicitar essa ajuda e ela não pode ser recusada. Se não for solicitada, deve ser oferecida. Muitas vezes, a família não tem dinheiro para pagar visitas desse tipo, um fato que qualquer terapeuta que trabalha com doentes terminais deve ter em mente e aceitar.

A perda de uma comunicação honesta entre o doente terminal e as pessoas mais próximas é um acontecimento bastante comum. Os membros da família podem tentar acalmar os temores do paciente, evitando qualquer conversa sobre sua doença. Se o assunto não for mencionado, geralmente há uma tentativa para fingir que o paciente ficará bom. Como já observamos, existem casos nos quais o câncer entra em remissão. Porém ao saberem, através do médico, que não há esperança, os familiares costumam não aceitar, de fato, essa possibilidade. Quando falam sobre a eventualidade de uma recuperação, estão dizendo algo em que nem eles próprios acreditam e, inevitavelmente, o paciente percebe. Para o paciente, essa é uma situação extremamente desgastante, que aumenta seu sentimento de solidão. Ela interrompe sua ligação com os demais — uma ligação que deve basear-se na honestidade, e seus temores aumentam. Assim, o terapeuta deve fazer todos os esforços para conseguir que o

---

* Um livro extremamente útil nessa área é *Learning to Say Goodbye: When a Parent Dies*, de Eda LeShan (Macmillan, 1976)

paciente se disponha a abrir o maior número possível de canais honestos para relacionar-se.

A importância da honestidade, não somente entre o terapeuta e o paciente, mas também entre os familiares e o paciente, talvez seja melhor ilustrada pelo caso relatado a seguir. George, com 67 anos, com câncer abdominal, estava confinado a uma cama no hospital. Ele sabia da gravidade do seu caso, mas não havia contado à sua mulher, Anna, que já tinha conhecimento disso — para "poupá-la"; assim, ele mantinha uma atitude despreocupada. Na verdade, porém, Anna já sabia que seu marido estava morrendo. Ela ocultou *esse* fato de George, insistindo em convencê-lo de que "os médicos disseram que ele ia ficar bom". Essas duas pessoas estavam casadas há 42 anos. Eles se amavam e se preocupavam muito um com o outro, mas eram incapazes de conversar sobre a coisa mais importante no mundo para cada um deles. Como nenhum dos dois ousava tocar no assunto, havia cada vez mais coisas sobre as quais não podiam conversar, porque chegariam à questão proibida da provável morte de George. Precisando-se mutuamente mais do que em qualquer período de suas vidas, George e Anna foram privados das únicas pessoas que poderiam ajudá-los — eles mesmos. Anna passava muito tempo no hospital, mas apesar de estarem fisicamente próximos, havia entre eles uma parede emocional que estava ficando cada vez mais alta.

Tanto Anna quanto George haviam me contado que não desejavam admitir para o outro, aquilo que sabiam. Senti que aquela situação intolerável os estava magoando e decidi fazer algo a respeito. Sem avisá-los, e com muita ansiedade, certa tarde entrei no quarto de George quando Anna se encontrava lá e disse: "É hora de vocês dois realmente conversarem sobre o que está acontecendo. Como ambos sabem, a doença é câncer e é séria. Todos estamos muito assustados e com razão. Mas ninguém está desistindo de ter esperança. Vamos continuar lutando contra este negócio. Existem muitas ferramentas que podemos utilizar e se estas não funcionarem, novas ferramentas estão sendo descobertas o tempo todo. Ninguém está abandonando a esperança. Vamos tentar vencer e temos uma boa chance. Mas é perigoso, assustador e triste, e algumas coisas valem algumas lágrimas. Sei como cada um de vocês se sente e é hora de deixarem o outro saber. Vocês se amaram e se ajudaram durante toda a vida e agora, precisam um do outro."

Esse é um exemplo dramático, mas a necessidade de uma ação como essa é muito freqüente nos hospitais. Quem já trabalhou com pacientes terminais de qualquer espécie, imediatamente reconhece esse fato. Naturalmente, essa mesma necessidade pode existir fora do hospital. Em outras circunstâncias, a reaproximação entre George e Anna poderia ter sido realizada através de uma sessão individual com cada um deles, deixando-os abrir a comunicação à sua maneira. Ela poderia ter ocorrido em meu consultório ou na casa do paciente. Contudo, seja qual for o local, sempre saio do quarto depois dessa conversa mas fico por perto, onde possa ser encontrado, caso surjam perguntas que eu possa responder.

Infelizmente, médicos e enfermeiras com freqüência estimulam essas fraudes entre os membros da família, como a que existiu entre George e Anna. A dificuldade é que médicos e enfermeiras também tendem a pensar no paciente como "quase morto". Para eles, o câncer terminal significa morte, e nada mais. Eles também precisam ser sacudidos para perceber que o paciente ainda está vivo. Com os médicos, esse pode ser um problema especial. Meu trabalho, em certo nível, está quase que fadado a provocar ressentimentos. Afinal, o médico disse: "Não há mais nada que eu possa fazer." O fato de eu acreditar que há muita coisa a ser feita, que até mesmo o paciente terminal pode ser auxiliado por métodos que irão, pelo menos, permitir que ele descubra seu verdadeiro eu antes de morrer e, na melhor das hipóteses, que irão lhe devolver a vontade de viver e a crença em si mesmo, que irão ajudá-lo a lutar por sua vida, inevitavelmente provoca no médico sentimentos confusos. Não que os médicos não se importem, mas simplesmente, que sua percepção do câncer como uma doença, está fundamentada em proposições limitadas que têm sido mantidas por muito tempo.

Com as enfermeiras, o problema é um pouco diferente. Certa vez, realizei um teste em um hospital, para verificar quanto tempo as enfermeiras demoravam para atender ao chamado da campainha dos quartos de diversos pacientes. Estatisticamente, elas demoravam mais para atender um chamado do quarto em que se encontrava um paciente próximo da morte, do que os chamados de um paciente que não estava morrendo. Essa é uma reação perfeitamente natural. Normalmente, as enfermeiras estão sob grande tensão e há um limite até onde podem suportar, assim como eu ou qualquer pessoa temos nossos limites. Entretanto, o fato é que o paciente de câncer está profundamente consciente de que as enfermeiras demoram mais para atender seus chamados. Isso pode facilmente ser considerado uma forma a mais de rejeição, confirmando suas dúvidas a respeito de seu próprio valor. Quando realizei meus testes no hospital, as enfermeiras foram reunidas e informadas dos resultados. A princípio, negaram calorosamente que demoravam para atender os chamados dos quartos de pacientes que estavam morrendo. Mas as tabelas referentes ao tempo eram irrefutáveis. Depois de explicar por que essas demoras eram tão importantes para mim, as enfermeiras reagiram iniciando uma discussão bastante franca e emocional. Falaram sobre a dor e a angústia de presenciarem tantas mortes e que, quanto mais conheciam o paciente como pessoa, maior seu sofrimento. Posteriormente, algumas delas disseram que fora uma sessão muito boa e que as tornara conscientes do quanto sua presença realmente significava.

O mundo do paciente de câncer, apesar de sua dor e tristeza, pode ser reconduzido ao mundo dos vivos — mesmo para aqueles cujos casos são considerados sem esperança. O terapeuta não deve oferecer *falsas* esperanças. Mas, por outro lado, acredito que a palavra "desespero" deveria ser eliminada do mundo do paciente de câncer. Meu trabalho como terapeuta é ajudar o paciente a eliminá-la.

10

O QUE SIGNIFICA LUTAR POR NOSSA VIDA

Meu objetivo ao escrever este livro não foi o de provar ou refutar qualquer coisa. Estamos muito longe de solucionar os mistérios do câncer, em todas as suas complexidades. Tentei descrever um elemento profundamente importante — um aspecto do estudo do câncer que tem sido seriamente negligenciado, e relatar tão cuidadosamente quanto possível, exemplos que considero dramáticos e essenciais para a compreensão dessa doença. Além disso, estou preocupado com os indivíduos que, após lerem esse livro, suspeitam que talvez possuam "personalidades predispostas ao câncer", bem como aqueles que têm câncer e desejam utilizar todos os recursos possíveis para se recuperar.

Alguns leitores provavelmente irão se identificar com o padrão de vida dos pacientes de câncer descrito anteriormente. É importante lembrar que eu falava a respeito de um *conjunto* de fatores. Qualquer sintoma particular, isoladamente, não possui nenhum significado especial. É igualmente importante lembrar que descrevi pessoas com uma *história de vida*, não um período temporário de dificuldades. Todos nós passamos por períodos de sofrimento, frustração, desespero, tristeza, solidão, perda; nem todos iremos desenvolver câncer.

Para aqueles que reagiram como se esse livro fosse um aviso — uma mensagem a ser interpretada de maneira séria e pessoal — essa não precisa ser uma experiência assustadora, mas uma importante oportunidade para um auto-exame.

Milhares de mulheres agradeceram à esposa do então Presidente Gerald Ford e à Sra. Rockefeller, quando elas falaram abertamente sobre seu câncer no seio; a franqueza delas sem dúvida salvou muitas vidas, pois as mulheres se tornaram conscientes e passaram a se preocupar com a realização de um auto-exame e a buscar orientação médica. Espero que este livro possa encorajar um tipo diferente de auto-exame — a procura por nossa autenticidade única enquanto seres humanos.

Existem algumas perguntas básicas e legítimas que podemos fazer a nós mesmos — e se as respostas nos surpreenderem ou nos chocarem, talvez seja a hora de examinarmos nossa vida. Além dos exames médicos, há uma lista de perguntas adequadas que podemos nos fazer e que estão relacionadas aos estados emocionais que, tantas vezes, parecem ser significativos no desenvolvimento de algumas malignidades:

1. Sou capaz de demonstrar raiva quando ela é muito intensa?
2. Tento tirar o melhor partido das coisas, independentemente do que aconteça, sem jamais me queixar?
3. Possuo uma diversidade de interesses e prazeres na vida, ou todas as minhas energias estão concentradas em um único relacionamento (trabalho, cônjuge, filhos, etc.), de maneira que se eu perder esse relacionamento, não teria mais nenhuma razão para viver? (Por exemplo, precisar me aposentar, será que acharia melhor morrer? Ou quando os filhos deixarem a casa, será que ainda sentirei que minha vida vale a pena ser vivida?)
4. Eu me considero uma pessoa digna de ser amada, valiosa, ou sinto-me inútil durante a maior parte do tempo? Com freqüência, sinto-me sozinho, rejeitado, isolado das outras pessoas?
5. Estou fazendo aquilo que desejo fazer com minha vida? Meus relacionamentos são satisfatórios? Sinto-me razoavelmente otimista ou sem esperanças de algum dia me realizar?
6. Se me dissessem agora que tenho somente seis meses de vida, continuaria fazendo aquilo que faço agora? Ou tenho sonhos, ambições e desejos secretos e não realizados, dos quais me envergonho e que afligiram durante toda a minha vida?
7. Se me dissessem que tenho uma doença terminal, sentiria algum alívio?

Caso essas perguntas realmente nos chocarem, não há necessidade de esse momento ser de desespero e desesperança mas, uma oportunidade para assumirmos o controle de nossa própria vida — de começarmos a procurar as alternativas necessárias e de encontrarmos a coragem para mudar as coisas que impedem a realização de nosso potencial único. O mais importante é lembrar que: *é impossível nos preocuparmos e sermos responsáveis pelos outros sem sacrificar nossa própria vida.*

Tantas pessoas estão escrevendo tantos livros sobre a "realização de nosso potencial total" que talvez pareça inconveniente, em contraste com emoções tão intensas que algumas vezes podem provocar o câncer, eu estar recomendando métodos preventivos que soam superficiais — generalidades bastante popularizadas.

Na verdade, quando essas idéias são apresentadas com seriedade, sem a promessa de soluções rápidas e fáceis, elas podem muito *ter* uma influência sobre as estatísticas do câncer! De qualquer modo, uma vez que a pessoa com uma personalidade predisposta ao câncer com freqüência nega sua individualidade, é inevitável pensar, na busca da individualidade pessoal como uma possível medida preventiva.

Isso se aplica igualmente à pessoa que está com câncer. Se nos tratarmos através de cirurgia, radiação ou quimioterapia, a probabilidade de recuperação é muito maior se também levarmos em consideração nosso bem-estar emocional. (Recentemente, o Dr. Carl Simonton mostrou que os efeitos terapêuticos da radiação em pacientes de câncer, podem aumentar muito se a terapia de radiação for associada a um tipo especial de meditação que ele está utilizando.)

Num desses casos, uma mulher consultou um psiquiatra quando soube que sua malignidade estava muito adiantada e seu prognóstico de vida não passaria de um ano. Ela desejava ajuda para enfrentar sua morte iminente. O psiquiatra lhe perguntou se havia alguma coisa que sempre sonhara fazer e a mulher, que era viúva e não tinha filhos, respondeu que sempre desejara viajar pelo mundo. O psiquiatra sugeriu que, uma vez que ela ainda era uma paciente de ambulatório e poderia sê-lo durante algum tempo, não havia motivos para não pegar todo o seu dinheiro e investi-lo nessa viagem; afinal, se ela ia morrer em um ano, para que estava economizando? A mulher fez a viagem mais longa e mais luxuosa que pôde encontrar. Sua saúde começou a melhorar extraordinariamente no decorrer da viagem. Ela voltou, submeteu-se a um exame, e o médico lhe disse que o câncer aparentemente entrara em "total remissão". O psiquiatra relatou: "Agora, ela estava praticamente sem dinheiro e furiosa comigo por colocá-la naquela situação crítica! Mas logo, encontramos um emprego para ela e agora ela viaja sempre que pode. Continuo recebendo cartões postais do mundo inteiro — e já se passaram dez anos!"

Não pretendo sugerir que sempre — ou mesmo, com freqüência — existem esses finais felizes, mas mesmo que a mulher tivesse morrido, com que estilo teria feito sua última saída de cena! O que ela fez foi dizer a si mesma *"Minha vida é importante para mim"*, e quando fazemos isso, podemos estar começando a parte mais importante de nossas vidas, por mais breve que possa ser.

Uma paciente me disse: "Sei que sou inteligente, tenho coragem e minhas opiniões são tão boas quanto as de qualquer um. Só saber desse fato fez uma grande diferença em toda a minha vida. Posso enxergar as coisas boas que dei aos meus filhos, não apenas as coisas ruins. Acho até que, agora, amo muito mais meus filhos e meu marido. Outro paciente relatou-me: "Sabe, doutor, pela primeira vez em minha vida, gosto de mim mesmo. Estou longe de ser aquele sujeito mau que sempre achei que eu era." Uma mulher brilhante, com habilidades especiais em pesquisa teórica, durante nove anos bloqueou completamente sua capacidade para trabalhar em seu campo e estava cheia de dúvidas e autodesprezo. Um dia, exclamou com voz triunfante e alegre: "Na noite passada, comecei a trabalhar num artigo. Eu já o tinha minuciosamente planejado e já escrevi as duas primeiras páginas. Acho que vai ficar muito bom." Uma mulher de 39 anos de idade, que jamais tivera um relacionamento amoroso, contou-me sobre o maravilhoso fim de semana que passara na praia com um homem que conhecera havia seis meses. Enquanto observavam o pôr-do-sol, interiormente se sentira como as cores do ocaso. O romance iniciado naquela noite teve um profundo significado para ambos e ela foi capaz de dar e receber o tipo de amor que jamais imaginara. Cada um desses pacientes estava morrendo de câncer. Nenhum deles viveu mais do que um ano após o incidente relatado. Todos eles viveram "vidas mais plenas" do que algumas pessoas que vivem até os 90 anos de idade.

Com freqüência, o câncer mata. No entanto, parece haver épocas em que adquirir o câncer é como começar a viver. A busca de nosso próprio ser, a descoberta da vida que precisamos viver, pode ser uma das armas mais fortes contra a doença.

Naturalmente, ainda existem muitos mistérios cercando o câncer. Não há maneiras de prever — nenhum tipo de fórmula que indique quando esses mistérios serão solucionados. Mas estamos começando a compreender que nenhuma doença de qualquer espécie pode jamais ser considerada "inteiramente física"; que todo aspecto da pessoa humana abrange tanto as dimensões da doença como da saúde. A partir dessa posição vantajosa, a cirurgia, a radiação, o tratamento com drogas, a prevenção dos riscos ambientais, não são por si mesmos suficientes. Há muito mais coisas envolvidas.

Há alguns anos, caminhando pela rua, enxerguei um rosto familiar na multidão, vindo em minha direção. Era uma paciente que eu não vira, nem ouvira falar, havia mais de um ano. Ela tivera uma malignidade terminal e havíamos trabalhado juntos em psicoterapia durante cerca de cinco anos. Quando veio me ver pela primeira vez, a terapia era o tribunal de última instância; seu médico e os especialistas que consultara, não podiam lhe oferecer nenhum tratamento alternativo.

Mesmo depois de ter decidido terminar a terapia, ela mantinha contato comigo, de quando em quando. Então, seus telefonemas pararam completamente. Apesar de algumas vezes eu ter pensado no que ela estava fazendo, e até preocupado com seu silêncio, não me senti no direito de invadir sua privacidade, se ela não queria me ver.

Ela caminhava tão depressa, com passadas leves, porém determinadas, que quase passou por mim sem perceber. Sorriu alegremente, me abraçou rapidamente e então, com um aceno de mão, enquanto continuava seu caminho, disse que estava com pressa e gritou para mim: "Tenho andado muito ocupada *vivendo*, para entrar em contato com você!"

Eu a observei enquanto ela novamente desaparecia. Indo para algum lugar importante; seguindo seu rumo. Viva. Vivendo.

BIBLIOGRAFIA SELECIONADA DE PESQUISAS SOBRE A RELAÇÃO ENTRE OS FATORES PSICOLÓGICOS E O CÂNCER

Descrições Gerais, Simpósios e Estudos na área

ACHTERBERG, J., SIMONTON, O. C., e MATTHEWS-SIMONTON, S., *Stress, Psychological Factors, and Cancer*. Fort Worth, Texas, New Medicine Press, 1976.

Annals of New York Academy of Sciences. Conference on Psychological Aspects of Cancer. Vol. 125, 1966.

Annals of New York Academy of Sciences, Second Conference on Psychological Aspects of Cancer. Vol. 164, 1968.

BALTRUSCH, H. J. F. "Psychosomatic Cancer Research: Present Status and Future Perspectives." In *Psychologie et Cancer*. Paris, Masson, 1978.

_____, "Psychotherapy with Cancer Patients." In *Therapy in Psychosomatic Medicine*, F. Antonell (org.). Rome, Pozzi, 1977.

_____, "Results of Clinical Psychosomatic Cancer Research." *Psychosomatic Medicine*, Vol. 5, 175-208, 1975.

BROWN, J. J., VARSAMIS, M. B., TOEWS, J., e SHANE, M., "Psychology and Oncology: A Review." *Canadian Journal of Psychiatry*, Vol. 192, 219-222, 1974.

GENGERELLI, J. A. and KIRKNER, F. J. (orgs.), *The Psychological Variables in Human Cancer*. Berkeley, University of California Press, 1954.

KISSEN, D. M., e LeSHAN, L. L. (orgs.), *Psychosomatic Aspects of Neoplastic Disease*. Londres, Pitman Medical Publishing Company, Ltd., 1964.

135

KOWAL, S. J., "Emotions as a Cause of Cancer: 18th and 19th Century Contributions." *Psychoanalytic Review*, Vol. 42, 217-227, 1955.

LA BARBA, R. C., "Experimental Factors in Cancer: A Review of Research with Animals." *Psychosomatic Medicine*, Vol. 32, 259-275.

LeSHAN, L. "Personality States as Factors in the Development of Malignant Disease: A Critical Review". *Journal of the National Cancer Institute*, Vol. 22, 1-18, 1959.

_____, "Some Methodological Problems in the Study of the Psychosomatic Aspects of Cancer." *Journal of General Psychology*, Vol. 63, 309-317, 1960.

_____, e WORTHINGTON, R. E., "Personality as a Factor in the Pahogenesis of Cancer: A Review of the Literature." *British Journal of Medical Psychology*, Vol. 29, 49-56, 1956.

MEERLOO, J., "Psychological Implications of Malignant Growth: Survey of Hypotheses." *British Journal of Medical Psychology*, Vol. 27, 210-215, 1954.

Pesquisas sobre os aspectos específicos da área

ANDERVONT, J. B., "Influence of Environment on Mamary Cancer in Mice." *Journal of the National Cancer Institute*, Vol. 4, 579-581, 1944.

BACON, C. L., RENNECKER, R., e CUTLER, M. A., "A Psychosomatic Survey of Cancer of the Breast." *Psychosomatic Medicine*, Vol. 14, 453-460, 1952.

BAHNSON, C. B., *Basic Epistemological Problems Regarding Psychosomatic Processes.* Paper Presented at the First International Congress on Higher Nervous Activity, Milão, 1968.

EVANS, E. A. *Psychological Study of Cancer.* Nova York, Dodd-Mead and Co., 1926.

FISHER, S., e CLEVELAND, S. E., "Relationship of Body Image to Site of Cancer." *Psychosomatic Medicine*, Vol. 18, 304-309, 1956.

FOQUE, E., "Le Problème de Cancer dans ses Aspects Psychiques." *Gazette Hôpital*, Paris, Vol. 104, 827-833, 1931.

GREENE, W. A., "Psychological Factors and Reticuloendothelial Diseases, 1." *Psychosomatic Medicine*, Vol. 16, 220-230, 1954.

_____, YOUNG, L., e SWISHER, S. N., "Psychological Factors and Reticuloendothelial Disease, 2." *Psychosomatic Medicine*, Vol. 18, 284-303, 1956.

_____, e MILLER, G., "Psychological Factors and Reticuloendothelial Disease, 4." *Psychosomatic Medicine*, Vol. 20, 122-144, 1958.

KISSEN, D. M., "Personality Factors in Males Conductive to Lung Cancer." *British Journal of Medical Psychology*, Vol. 36, p. 27, 1963.

_____, "Psychosocial Factors, Personality and Lung Cancer in Men Aged 55-64." *British Journal of Medical Psychology*, Vol. 40, p. 29, 1967.

_____, e EYSENCK, J. G., "Personality in Male Lung Cancer Patients." *Journal of Psychosomatic Research*, Vol. 6, p. 123, 1962.

_____, "Relationship Between Lung Cancer, Cigarette Smoking, Inhalation, and Personality and Psychological Factors." *British Journal of Medical Psychology*, Vol. 37, 344-351, 1964.

KLOPFER, B., "Psychological Factors in Human Cancer." *Journal of Projective Techniques*, Vol. 21, 331-340, 1957.

LeSHAN, L. e WORTHINGTON, R. E., "Some Psychologic Correlates of Neoplastic Disease: Preliminary Report." *Journal of Clinical and Experimental Psychopathology*, Vol. 16, 281-288, 1955.

_____, "Loss of Cathexes as a Common Psychodynamic Characteristic of Cancer Patients." *Psychological Reports*, Vol. 2, 183-193, 1956.

_____, "Some Recurrent Life History Patterns Observed in Patients with Malignant Disease." *Journal of Nervous and Mental Disease*, Vol. 124, 470-465, 1956.

_____, "A Psychosomatic Hypothesis Concerning the Etiology of Hodgkin's Disease." *Psychological Reports*, Vol. 3, 565-575, 1957.

_____, e GASSMAN, M. "Some Observations on Psychotherapy with Patients with Neoplastic Disease." *American Journal of Psychotherapy*, Vol. 12, 723-734, 1958.

_____, MARVIN, S., e LYERLY, O., "Some Evidence of a Relationship Between Hodgkin's Disease and Intelligence." *American Medical Association Archives of General Psychiatry*, Vol. 1, 447-449, 1959.

_____, e REZNIKOFF, M., "A Psychological Factor Apparently Associated with Neoplastic Disease." *Journal of Abnormal and Social Psychology*, Vol. 60, 439-440, 1960.

_____, "A Basic Psychological Orientation Apparently Associated with Neoplastic Disease." *Psychiatric Quarterly*, April 1961, 1-17.

_____, e LeSHAN, E., "Psychotherapy and the Patient with a Limited Life Span." *Psychiatry*, Vol. 24, 318-323, 1961.

MILLER, F. R., e JONES, H. W., "The Possibility of Precipitating the Leukemic State by Emotional Factors." *Blood*, Vol. 8, 880-884, 1948.

PELLER, S., *Cancer in Man*. Nova York, International University Press, 1962.

REZNIKOFF, M., "Psychological Factors in Breast Cancer." *Psychosomatic Medicine*, Vol. 18, p. 2, 1955.

_____, e MARTIN, P. E., "The Influence of Stress on Mammary Cancer in Mice." *Journal of Psychosomatic Research*, Vol. 2, 56-60, 1957.

SIMONTON, J. C., e SIMONTON, S., "Belief Systems and Management of the Emotional Aspects of Malignancy." *Journal of Transpersonal Psychology*, Vol. 7, 29-47, 1975.

SNOW, H., *Clinical Notes on Cancer*. Londres, J. e A. Churchill, 1883.

THOMAS, C. B., e DUSZYNSKI, D. R., "Closeness to Parents and the Family Constellation in a Prospective Study of Five Disease States; Suicide, Mental Illness, Malignant Tumor, Hypertension, and Coronary Heart Disease." *The Johns Hopkins Medical Journal*, Vol. 134, 251-270, 1974.

WALSHE, W. A. *The Nature and Treatment of Cancer*. Londres, Taylor e Walton, 1846.

WEST, P. M., BLUMBERG, E. M., e ELLIS, F., "An Observed Correlation Between Psychological Factors and Growth Rate of Cancer in Man." *Cancer Research*, Vol. 12, 306-307, 1952.

Os profissionais que desejarem acompanhar o desenvolvimento dessa área devem escrever para:

Dr. J. J. F. Baltrush
Chairman
European Working Group for Psychosomatic
    Cancer Research (EUPSYCA)
Bergstrasse 10
D-2900 Oldenburg
Alemanha

A edição brasileira deste livro foi feita por sugestão do ReVida — Grupo de Apoio Psicoterápico para Pacientes de Câncer — movido pelo intuito de dar aos leitores a oportunidade de conhecer um dos mais atualizados enfoques terapêuticos holísticos.

O ReVida é uma instituição fundada em 1989 pelo psicólogo Edmundo S. Barbosa, que prefaciou esta obra, com a direta colaboração de Edith M. Elek, Maria Edirle Barroso, Ruth Rejtman e Virgínia Garcia de Souza. Atualmente conta também com a participação de Vera M. Bertacchi Palma.

O grupo surgiu em função da formação profissional de seus integrantes, da prática com grupos congêneres e de suas vivências pessoais com a doença. O programa, segundo o qual atuam, foi criado pela própria equipe e compõe-se da soma de várias técnicas e abordagens, entre elas a de LeShan.

Suas principais atividades são: atendimento a pacientes de câncer em grupos; orientação e aconselhamento individual a pacientes e seus familiares; orientação e treinamento a profissionais na área da saúde.

Endereço:
Rua Maysa Figueira Monjardim, 67 — CEP 04042-050
—
São Paulo, SP – Fone: (11) 5581-6766

Leia também:

O CÂNCER COMO PONTO DE MUTAÇÃO
Um manual para pessoas com câncer, seus familiares e profissionais de saúde
Lawrence LeShan

Que estilo de vida faria você se levantar feliz ao acordar e ir para a cama contente à noite? Perguntas como esta são feitas pelo autor aos seus pacientes de câncer, com o objetivo de ajudá-los a perceber os possíveis "pontos de mutação" que podem transformar suas vidas e a resposta aos seus tratamentos. Um livro cheio de sabedoria, com sugestões objetivas para doentes e profissionais da área e agradável de ler mesmo para quem não está com câncer.

COM A VIDA DE NOVO
Uma abordagem de auto-ajuda para pacientes com câncer
O. Carl Simonton, Stephanie
Matthews-Simonton e James L. Creighton

Técnicas de auto-ajuda para complementar os tratamentos usuais do câncer. Através de uma verdadeira mobilização para uma luta emocional, este método tem obtido excelentes resultados controlando o "stress" e outros fatores psicológicos que contribuem para desencadear e desenvolver a doença e que muitas vezes são deixados em segundo plano ou esquecidos pelos médicos.

A FAMÍLIA E A CURA
O método Simonton para famílias que enfrentam uma doença
Stephanie M. Simonton

Neste livro, a autora, uma expert no campo das causas psicológicas e tratamentos do câncer, apresenta uma abordagem positiva de como as famílias podem trabalhar juntas para criar um ambiente terapêutico quando algum de seus membros é atingido por uma doença grave. Uma aplicação do método Simonton já utilizado com sucesso em *Com a Vida de Novo*.

CARTAS DE UM SOBREVIVENTE
O caminho da cura através da transformação interior
O. Carl Simonton e Reid Benson
com Brenda Hampton

Esta obra mostra a continuidade do trabalho de Carl Simonton, descrito no já consagrado *Com a Vida de novo*, acrescida de cartas-depoimento de uma pessoa que passou pelo programa. É uma versão atualizada da abordagem do Centro Simonton que envolve os processos físicos, mentais e espirituais do paciente de câncer, colaborando de forma poderosa para o seu tratamento.

IMPRESSO NA

sumago gráfica editorial ltda
rua itauna, 789   vila maria
02111-031   são paulo   sp
telefax 11 **6955 5636**
sumago@terra.com.br

GRÁFICA
sumago

--- dobre aqui --------

ISR 40-2146/83
UP AC CENTRAL
DR/São Paulo

CARTA RESPOSTA
NÃO É NECESSÁRIO SELAR

O selo será pago por

summus editorial

05999-999 São Paulo-SP

---------- dobre aqui ---------------

BRIGANDO PELA VIDA

***summus* editorial**

CADASTRO PARA MALA-DIRETA

**Recorte ou reproduza esta ficha de cadastro, envie completamente preenchida por correio ou fax,
e receba informações atualizadas sobre nossos livros.**

Nome:_____ Empresa:_____

Endereço: ☐ Res. ☐ Coml. _____ Bairro:_____

CEP: _____-_____ Cidade: _____ Estado: _____ Tel.: (   ) _____

Fax: (   ) _____ E-mail: _____ Data de nascimento: _____

Profissão:_____ Professor? ☐ Sim ☐ Não Disciplina: _____

1. Você compra livros:

☐ Livrarias ☐ Feiras
☐ Telefone ☐ Correios
☐ Internet ☐ Outros. Especificar:_____

2. Onde você comprou este livro?

_____

3. Você busca informações para adquirir livros:

☐ Jornais ☐ Amigos
☐ Revistas ☐ Internet
☐ Professores ☐ Outros. Especificar:_____

4. Áreas de interesse:

☐ Educação ☐ Administração, RH
☐ Psicologia ☐ Comunicação
☐ Corpo, Movimento, Saúde ☐ Literatura, Poesia, Ensaios
☐ Comportamento ☐ Viagens, *Hobby*, Lazer
☐ PNL (Programação Neurolingüística)

5. Nestas áreas, alguma sugestão para novos títulos?

_____

6. Gostaria de receber o catálogo da editora? ☐ Sim ☐ Não

7. Gostaria de receber o Informativo Summus? ☐ Sim ☐ Não

cole aqui

Indique um amigo que gostaria de receber a nossa mala-direta

Nome:_____ Empresa:_____

Endereço: ☐ Res. ☐ Coml. _____ Bairro:_____

CEP: _____-_____ Cidade: _____ Estado: _____ Tel.: (   ) _____

Fax: (   ) _____ E-mail: _____ Data de nascimento: _____

Profissão:_____ Professor? ☐ Sim ☐ Não Disciplina: _____

***summus* editorial**
Rua Itapicuru, 613 – 7º andar   05006-000   São Paulo - SP   Brasil   Tel.: (11) 3872 3322   Fax: (11) 3872 7476
Internet: http://www.summus.com.br   e-mail: summus@summus.com.br